保险
其实很简单

王 旭 ◎ 著

中国商业出版社

图书在版编目（CIP）数据

保险其实很简单 / 王旭著. -- 北京：中国商业出版社，2023.9
ISBN 978-7-5208-2608-2

Ⅰ.①保… Ⅱ.①王… Ⅲ.①保险—通俗读物 Ⅳ.①F84-49

中国国家版本馆CIP数据核字(2023)第172252号

责任编辑：杜 辉
策划编辑：刘万庆

中国商业出版社出版发行
（www.zgsycb.com 100053 北京广安门内报国寺1号）
总编室：010-63180647 编辑室：010-83118925
发行部：010-83120835/8286
新华书店经销
香河县宏润印刷有限公司印刷
*
710毫米×1000毫米 16开 13印张 120千字
2023年9月第1版 2023年9月第1次印刷
定价：68.00元
****
（如有印装质量问题可更换）

推荐序一

通读完这本书，我认为王旭对保险行业所表达的观点比较客观真实，对风险管理和保险产品的认知和分析也比较到位，从保险科普的角度来说，体现了"求实"的学术精神。而"求实"也正是我司的核心价值观之一。

本书非常犀利、真实地呈现了各类保险产品的营销手段，个别内容和观点可能会引发不同保险营销观念的异议，但我认为这正是该书的独到之处，通过本书，可以让我们换个角度审视保险营销。

虽然本书讲了保险营销中的很多范式或套路，但其目的并不是要挑起客户和保险公司之间的情绪对立，反而是以非常客观的角度、诚恳的态度，希望拉近客户与保险公司的距离，加深客户对保险公司的理解，消除客户对保险公司的偏见，同时帮助客户对保险产品有更客观、更科学的理解和认识。我认为，无论对于客户还是保险公司，这都是一件好事。

完全依靠业余时间写成一本书并不容易，专业、专注、热情、坚持缺一不可，作为管理者，很高兴看到我的员工具备这样的特质，期待王旭再接再厉，在公司和行业中更好地实现个人价值。

小康人寿保险有限责任公司执行董事　霍康

推荐序二

作为老师,最欣慰的事情莫过于自己的学生在专业上有所成就。王旭同学在校期间就勤于思考,毕业后又一直在保险行业工作,积累了丰富的实务经验,在与他交流的过程中,我也能感受到他对保险行业现状的深刻认知和以科普保险为己任的精神。这本书可以说是他在保险事业上专业、热爱与责任的结晶,也是他在毕业14周年之际送给自己最好的礼物。

任教30年,我深知要把晦涩难懂的专业知识变得通俗易懂有多不易。为了做到这一点,王旭同学下了很多功夫,以王富贵这样一个虚拟形象为中心,将保险销售过程还原得入木三分,然后结合一目了然的图表,详细讲解了各类保险产品的底层逻辑,将这些套路一一拆解,并给出专业建议,没有丝毫拖泥带水,可谓干货满满。最后又以7个真实的案例,提供读者更多的思考角度,从而能够客观选择适合自己的产品,代入感和实操性都非常强,是一本非常实用的保险科普书籍。

更为难得的是,王旭同学在全书中的表述客观中立,充分体现了一个保险人的专业精神,作为老师,对他将所思所想化为文字,著书立说的精神表示由衷的钦佩与喜悦。

这本书除了对消费者有帮助之外，也能使保险专业的学生了解保险实务，将理论与实践相结合，如果有志投身保险事业，这本书可以作为启蒙读物之一，因此诚挚地推荐给大家，更希望王旭同学在保险事业上再接再厉，用更好的作品，以飨读者。

上海立信会计金融学院保险学院院长、教授　徐爱荣

推荐序三

王旭是我认识的同学里少见的对于保险行业十分执着的一位。每次跟他聊到保险行业的知识，他总是两眼放光，用近乎苛刻的态度去看待每个观点、每个现象、每篇文章。

这绝对不是贬义，而是这个时代很稀缺的一种能力。

对于保险，这些年我看到了一种割裂，一方面保险业人才的浓度跟密度在不断提升，保险业的发展也异常迅猛，不断有新的趋势、理念与产品出现；另一方面，大众对于保险的认知依然有限，但保险对于我们的重要性又肉眼可见地与日俱增。

所以，非常开心在这样一种"割裂"的背景下，能有这样一位近乎"痴狂"的保险实干家给我们带来这样一本书。这本书用最简单的话讲最深刻的洞察，希望这本书能帮助你对保险这个古老而又崭新的行业形成全新的认识。作为一位内容工作者，我也极力向你推荐。

得到高研院杭州校区负责人　柳昊

前 言

感谢你打开这本书。

既然你对这本书感兴趣,说明你可能在买保险的时候遇到了一些问题。为了帮你高效地解决它们,我想我应该告诉你这本书的正确打开方式——

这本书只涉及我国内地的人身保险知识,书中描述的风险均指"人身风险",解读的保险也均指"人身保险",如果你想了解财产保险和境外保险,就不要在这本书上花费时间了。

这本书的定位是科普书和工具书,虽然很难像小说一样妙趣横生,但只要认真地读完,我保证你能<u>真正理解风险管理,厘清保障需求,看懂保险产品,识别销售套路,用最合理的花费,做最合适的保障</u>。为了使你阅读起来更方便,我会避免使用过于晦涩的专业学术语言,尽量做到表达言简意赅、通俗易懂。

在这本书的最后,我还会列举一些不同类型家庭保险配置的真实案例,如果你只想知道自己的保险应该怎么买,可以直接从这里找与自己情况类似的案例作参考。不过为了避免广告嫌疑，案例中并不会出现具体的保险产品，你可以参考的是配置理念，只要理念通了，选到合适的产品就是一件水到渠成的事情。不过，这些案例中的保险配置理念可能是你第一次看到，如果心存疑虑，可以读完全书后再做决定。

这本书的目标读者是消费者，如果你是一名保险业务员，尤其是从业时间比较长的保险业务员，请谨慎阅读本书，因为它会让你发现，你在公司所学到的很多"知识理论"在风险管理实务上根本无法逻辑自洽，你打心眼儿里认为的好产品多数都是套路，你一直自诩的专业规划实际上只是产品推销。当一个人长期坚持的信念被证伪时，要接受这个事实并不容易。

请注意，我之所以把这本书的目标读者称为"消费者"而非"客户"，是因为我要向你强调一个重要的认知——买保险本质上是一种消费行为，是要花钱的。只有时刻牢记这一点，你才不会纠结于"储蓄型保险"和"消费型保险"等被销售包装出来的伪概念，跳出"赔得到""要返还""比收益"等误区，把注意力聚焦在风险本身，结合自己的消费能力，做出更科学的风险管理和投保决策，至于钱花在了哪里，我会在书中详细解答。

互联网时代，获取信息变得越来越容易，辨别信息真伪的难度也越来越大，我之前在做保险科普音频节目的时候，很多愿意付费咨询的听众告诉我，他们已经见过很多业务员，也看了很多自媒体科普，有时同一个问题会得到两个截然相反的答案，但又感觉各有各的道理，实在不知道该相信谁。之所以想听听我的意见，是因为恰好听到了我的音频，觉得内容很专业，而且最终不是为了推销产品，应该更客观中立。

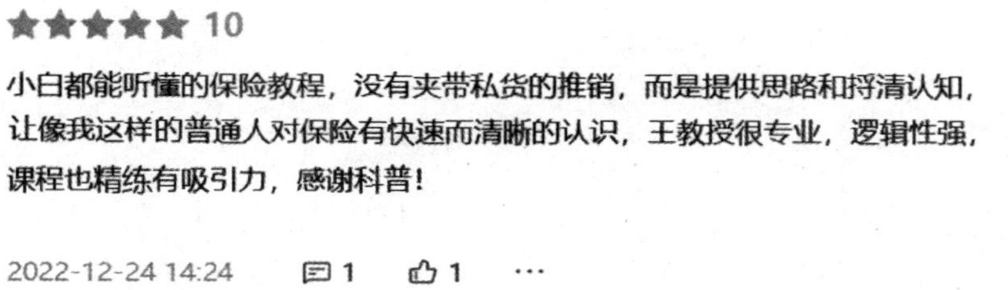

★★★★★ 10

小白都能听懂的保险教程，没有夹带私货的推销，而是提供思路和捋清认知，让像我这样的普通人对保险有快速而清晰的认识，王教授很专业，逻辑性强，课程也精练有吸引力，感谢科普！

2022-12-24 14:24　💬 1　👍 1　···

图-1　网友评论

我很感谢这份信任，也正是因为这份信任，给了我把这些知识更完整地呈现出来的动力，希望这本书能帮助你看懂风险管理和各类保险产品的底层逻辑，从而具备最基本的判断能力，避免上当受骗。毕竟买保险这件事挺重要，关系到你一生的财务安全和财富积累，保障的是你的家庭和人生，如果这都要完全交给别人，很可能会被心术不正的人鱼肉一把。同时，也欢迎你带着怀疑和审视的眼光来读这本书，我有信心通过这个考验。

如果你已经耐心读到了这里，很高兴与你同行，祝你阅读愉快。

王旭

2023.7.1 于无锡

目 录

上篇 来，一起重新认识风险和保险

第一章 我们为什么需要懂点儿保险 / 3
你买的保险不一定"保险" / 4
保险业一开始就跑偏了 / 9
懂点儿保险，才能保护自己 / 11

第二章 风险管理和保险产品并不神秘 / 13
我们到底为什么要买保险 / 14
买保险本质上是消费 / 16
买保险 ≠ 风险管理 / 18
风险管理方案因人而异 / 23
认清保险产品的分类和作用 / 25
如何评估风险，选择保险，框定预算 / 28

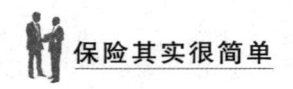

下篇 揭秘各类保险产品的销售包装套路

第三章 重疾险的包装套路 / 35

"储蓄型重疾险"是彻头彻尾的伪概念 / 36

"储蓄型重疾险"的真相 / 40

不该买"储蓄型重疾险"的根本原因 / 42

为什么"储蓄型重疾险"能忽悠到现在 / 45

科学配置重疾险的思路 / 47

被忽略的好产品：一年期重疾险 / 51

要品牌还是要性价比 / 53

"返还型重疾险"如何碰瓷养老 / 57

无须过度关注轻症和中症 / 60

第四章 意外险和医疗险的包装套路 / 63

"百万身价"类产品的真相 / 64

"返本型医疗险"的真相 / 68

被冤枉了的两全保险 / 70

第五章 买保险既是消费，也能"储蓄" / 75

现金价值：消费者"存"在保险公司的钱 / 76

现金价值的计算逻辑 / 78

其实退保并没有经济损失 / 84

第六章　年金保险与万能保险的包装套路 / 87

"返还时间早""返还比例高"不一定是好事 / 88

"年金 + 万能"真的能二次增值吗 / 90

"快速返本年金 + 万能"的收益不一定更高 / 93

保证利率高的"万能账户"就一定好吗 / 96

要先关注年金本身而不是"万能账户" / 97

初始费用高的"万能账户"真的是坑吗 / 99

"万能账户"的演变过程 / 103

万能保险彻底"理财化"后的恶果 / 112

万能保险的风险 / 116

万能保险持续受到监管 / 119

万能保险未来可能的发展趋势 / 125

第七章　增额终身寿险的秘密 / 129

万物皆可"增额终身寿" / 130

增额类产品的价值 / 139

增额类产品和年金的区别 / 140

第八章　选择"百万医疗"险的注意事项 / 147

注意可报销的项目和免责条款 / 148

"百万医疗"的续保问题 / 153

建议人手一份"惠民保" / 156

第九章　选择保险产品的其他注意事项 / 159

不要轻信保险公司的奖项 / 160

增值服务是锦上添花 / 160

到底选大公司还是小公司 / 161

买错了保险，要退保重新买吗 / 164

保险经纪人不一定客观中立 / 165

附录　保险配置方案的实际案例

案例一：一线城市初入社会的应届生 / 170

案例二：四线城市的国企小两口 / 173

案例三：一线城市打拼的夫妻俩 / 177

案例四：三线城市的体制内家庭 / 181

案例五：一线城市的单身贵族 / 184

案例六：省会城市的单身白领 / 186

案例七：四线城市的夫妻店 / 188

后记 / 191

上篇

来，一起重新认识风险和保险

第一章
我们为什么需要懂点儿保险

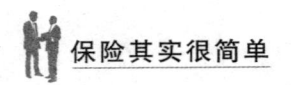

你买的保险不一定"保险"

其实作为一位消费者，完全没有必要为了买保险专门买一本书来自学相关知识，通过专业中介来选择合适的产品，并支付相应的报酬，是更有效率的一种方式，也更符合商业逻辑。

但是，在内地保险业（下文简称"保险业"）目前的行业生态下，消费者接触到的中介就是业务员，而长期以来，业务员接受的培训更偏重于产品包装和销售技巧，风险管理和保险专业知识方面的学习极其粗浅，即使是业绩优秀的业务员，多数也只是一名销售高手，而不是合格的风险管理师。他们知道保险的重要性，但不理解风险管理的底层逻辑，更不具备风险管理思维，最多只能让你下定决心买一点儿保险，不至于在风险中"裸奔"，却不能给你一个专业的风险管理规划，一旦真正遭遇风险，从保险中获得的赔付很可能远不足以应对将要面临的经济困境。

重疾险的销售就是一个最典型的场景。业务员跟消费者沟通重疾风险理念的时候，一般会按照这样的逻辑：万一不幸患了重疾，除了看得见的医疗费用支出等显性支出，还会涉及长期康复费用的支出、未来收入的损失以及现有债务负担等隐性支出。如今，百万医疗险可以报销很大一部分医疗费用，但解决不了隐性支出，这部分费用需要通过重疾险来覆盖；再加上现在重疾年轻化的趋势很明显，所以即便已经买了百万医疗险，重疾险也一定不能少，保额最好达到年收入的5~10倍。

这个逻辑本身问题不大，重疾险确实非常重要，但你会发现自己根本买不了那么高的保额，因为太贵了。

有多贵呢？我随机挑选了市场上的一些重疾险，列在下表中供你了解。这些产品中有大公司的，有中小公司的，有中资公司的，也有中外合资公司的，应该具备一定代表性。

表1-1 市场上部分重疾险的价格（均以30岁男性，50万元保额为例）

序号	产品名称	保险期间	交费期间	保费（元）
1	悦享安康（全能版）	终身	20年	15490
2	健康新享	终身	19年	15100
3	金福·合家欢	终身	18年	15050
4	康悦	终身	20年	14965
5	尊享嘉倍	终身	18年	14650
6	御享颐生（优享版）	终身	20年	14640
7	乐享健康（惠享成人）	终身	18年	14550
8	倍享阳光	终身	20年	14270
9	盛世福优越	终身	20年	14106
10	福禄御喜	终身	20年	14050
11	常青树（全能2.0版）	终身	20年	13755
12	守护爱	终身	20年	13435
13	相伴福（惠享版）	终身	18年	13150

续表

序号	产品名称	保险期间	交费期间	保费（元）
14	惠康（至诚版）	终身	20年	13140
15	美逸无忧	终身	20年	11650
16	新康健一生	终身	20年	11550
17	万物生	终身	20年	11415
18	超越1号	终身	20年	10995
19	大金刚	终身	20年	10995
20	华瑞国民D款	终身	20年	9845

要说明一点，这些产品的保险责任不尽相同，不能仅凭价格判断好坏，这里也没有褒贬的意思，只是客观展示产品价格。

可以看到，按照保额是年收入的5倍计算，如果年收入10万元，即使是买最便宜的一款产品，每年也要拿出9845元才能买到50万元保额，如果是你的话，舍得吗？

这时候，业务员提供的解决方案往往都是"如果觉得保费贵，也可以先少买一点，比如先买上30万元。因为风险无处不在，咱们要确保自己先有重疾保障，之后随着收入的增长，再逐步加保，提升保额"。从销售心理学的角度来讲，如果消费者已经认同重疾险很重要，价格方面也有了退路，再被一个业务高手在整个销售过程中不断引发情感共鸣的话，很可能就愿意签单了。

但是，这个方案存在严重的隐患：在收入增长的过程中，保费也在随着年龄增长，如果身体健康状况变差，购买重疾险还可能受限，以后能否加得起、能否加得了,都是未知数。而且我们知道,50万元都不一定足够支付重疾所需的费用,何况是30万元甚至更低的保额,即使现在签了单,万一还没来得及加保就得了重疾,怎么办呢?"专业风险管理规划"怎么能出现这么大的漏洞呢?

我曾经假扮消费者问过很多业务员这个问题,得到的回复大多是"您现在还年轻,短时间内得重疾的概率不大,而且事业处在上升期,有比较充足的时间逐步增加保额,但现在不能一点儿保障都没有"。

好了,"风险无处不在"是你说的,"重疾年轻化的趋势很明显"也是你说的,"短时间内得重疾的概率不大"还是你说的,这不是自相矛盾吗?因此,不管业务员说得再怎么天花乱坠,归根到底还是基于产品本身的销售思维,跟风险管理规划完全不沾边。

事实上,多年以来,虽然整个保险市场的重疾险保费规模一直都在提升,但多数保险公司历年在重疾险上的件均赔付连20万元都不到。我查询了各家保险公司近三年的理赔年报,从年报中体现重疾险件均赔付的保险公司当中,随机挑选了25家的数据,展示在下表中供你了解,同样没有褒贬的意思,只是客观展示。

表1-2 部分保险公司近三年重疾险赔付的件均保额(单位:元)

序号	公司	2020年	2021年	2022年	三年平均
1	瑞泰人寿	213900	255608	275512	248340
2	大都会人寿	213000	225000	237000	225000

续表

序号	公司	2020年	2021年	2022年	三年平均
3	中宏人寿	191000	203500	207900	200800
4	弘康人寿	192500	224300	182200	199667
5	陆家嘴国泰人寿	200000	160000	190000	183333
6	同方全球人寿	180000	170000	180000	176667
7	信泰人寿	124000	172000	216300	170767
8	安联人寿	165000	181000	142700	162900
9	天安人寿	149000	152000	158500	153167
10	中韩人寿	122000	178400	146500	148967
11	君龙人寿	161500	133200	135100	143267
12	北大方正人寿	111000	118500	170156	133219
13	复星保德信人寿	127200	134000	132900	131367
14	太平人寿	148000	87700	155000	130233
15	北京人寿	100000	82000	203175	128392
16	农银人寿	103500	121000	140000	121500
17	中荷人寿	105100	122100	119600	115600
18	人保寿险	80000	136800	127800	114867
19	恒大人寿	101300	112900	128700	114300
20	中英人寿	128500	105200	107700	113800
21	前海人寿	102000	107200	118500	109233
22	富德生命人寿	92300	93400	91900	92533
23	新华人寿	81840	86285	90000	86042
24	平安人寿	80000	84000	87400	83800
25	中国人寿	38000	40750	42300	40350

对于一个得了重疾的人来说，这点儿钱有些鸡肋。如果整个保险行业是在某个年度的重疾件均赔付保额比较低，很有可能恰巧出险的都是低保额人群。可事实是几乎年年如此，这就绝不是偶然现象了，只能说明多数

业务员信誓旦旦的所谓"专业风险管理规划"存在问题，导致消费者钱没少花，保障却没买够，一旦出事根本兜不住。而且，这还仅仅是冰山一角而已，风险管理的全貌，消费者从业务员口中是听不到的，不过这还真不能全怪他们，因为保险公司也没教过他们这些知识。

保险业一开始就跑偏了

可是，这口黑锅全让保险公司来背也不公平，因为人身保险是一种特殊的商品，所以保险行业对从业人员的专业素养要求原本应该很高，但我国国内保险业务于1958年停办，直到1978年才恢复，本就不多的专业人才几乎全部流失，后继无人；而且复业时主要经营的也是财产保险业务，人身保险业务并没有得到足够的重视。

在这样的历史背景下，人身保险的理论基础更加薄弱，专业发展也极其缓慢，导致1992年友邦将代理人机制引入中国，保险业迎来第一次人身保险业务高速发展的时候，整个社会对人身保险和风险管理的认知几乎还是一片空白，保险公司的培训人员都对相关知识一知半解，根本没有完整的知识体系，想要培养出真正专业的业务员无异于天方夜谭。

而且20世纪90年代，主力消费群体是40后、50后和60后，这几代人多数比较忌讳生、老、病、死、残的话题，对风险管理完全没有概念，加上当时国民收入水平还比较低，老百姓一分钱恨不得掰成两半花，怎么可能愿意出钱做风险管理呢？所以迎合他们的心理，利用信息不对称做一些包装（比如"就当是存钱了"），更容易把保险产品卖出去。换句话说，彼时消费者决定购买一份保险，可能是因为被业务员忽悠，也可能是因为恰好身边有人出事，引发了自己的恐惧，甚至还可能是因为有亲戚朋友做保险，为了在不伤感情的前提下摆脱他们的死缠烂打，花钱买个清净……但唯独不是因为需要专业的风险管理规划，这使得真正专业的业务员反而没有生存空间。

所以，在人身保险业务发展初期，保险公司根本没有能力培养真正专业的业务员，即便有，也不如采用人海战术加洗脑培训的方式效率更高。事实证明，这种极度粗放的发展模式确实在很长一段时间内非常有效，市场保费规模快速增长（具体原因不是这本书要讨论的重点，不再赘述），很多人也赚得盆满钵满，整个市场的狂欢给从业人员造成了一种"保险卖得好就专业"的错觉，丝毫没有意识到整个行业对风险管理和保险产品的理解从根子上就存在偏差。

天下熙熙皆为利来，天下攘攘皆为利往，很多从业人员嘴上喊着"爱和责任"，心里却想的是金钱和利益，为了签单不择手段，销售误导等行业乱象层出不穷，对真正的专业知识缺乏反思和敬畏，致使这样的理解偏差根深蒂固且不断扩大,很多消费者也深受影响,要拨乱反正,面临很大阻力,如同一直笃信"天圆地方"的古人,可能至死都无法接受地球是圆的。但这种现象之所以会发生,是因为风险管理这门学问的特点与中国独特的历史、人文等客观因素共同作用的结果,是保险业向好的方向发展必须经历的一个过程,不能简单地归咎于任何个人或团体。

懂点儿保险,才能保护自己

随着行业发展和社会变迁,保险市场已经越来越规范,也涌现了一些真正专业的业务员,但在庞大的业务员群体中,依然是凤毛麟角。而且由于存在"利益错位",专业的业务员也不一定会完全站在消费者的角度去考虑问题,能做到兼顾消费者利益,不利用自己的专业知识和信息优势去忽悠消费者,就已经很不错了。这是人性使然——

保险公司的业务员必须销售自家公司的产品,才能实现利益最大化,比如达到一定业绩之后,除佣金外还能获得公司设置的各种奖励方案(其他奖金、海外旅游等),所以尽管现在保险公司的业务员可以找到很多方法去销售别家公司的产品,但不到万不得已,一般都不会这么做。而他所在的这家公司的产品,却不一定能完全匹配消费者的需求。

专业中介公司（比如：某保险销售服务有限公司、某保险经纪股份有限公司）的业务员可以销售多家保险公司的产品，选择多一些，但某家保险公司提供的佣金更高，或者有工作人员和他的关系更好等各种因素，都可能影响他的立场。

兼业代理渠道也无法避免倾向性，比如我们在银行也可以买保险，但银行经常会在某段时间专做某家重点合作保险公司的业务，理财经理不允许卖其他公司的产品，如果他这么做了，哪怕卖出了一张大单都会挨骂。你觉得，他会完全站在消费者的利益角度去推荐产品的概率有多大呢？

所以，作为消费者，只有自己懂一点保险，才能过滤掉图谋不轨的业务员，淘到德艺双馨的、值得支付一定溢价报酬的业务员来为自己服务，更好地保护自己的利益。而且，具备一定保险知识，不容易被忽悠的消费者越多，越能倒逼这个行业去改革、去进步。这也是一件好事。

第二章
风险管理和保险产品并不神秘

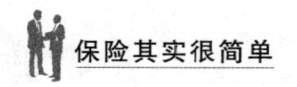

我们到底为什么要买保险

首先，我们要想明白一个问题：到底为什么要买保险？

很多人会脱口而出：为了赔付啊！如果买了保险，最后却没得到赔付，买保险的钱不就白花了？其实，这是一个很大的误区。因为人身保险一旦触发理赔，无外乎发生了病、死、伤、残这四种人身风险，只要是正常人，都希望自己的生活越来越好，而不是遭遇这些不幸，所以除非蓄意骗保，否则我们买保险一定不是为了"赔得到"。

那是为什么呢？原因很简单，虽然每个人都不愿意遇到风险，但不管多小心谨慎，风险都无法避免，我们不确定它是否会发生在自己身上。即使自己可以严守交规安全驾驶，也无法保证不会遇到一个醉驾的酒鬼，被他一脚油门冲过来；即使自己养成了健康的生活习惯，也无法保证身体里的细胞不会病变，甚至癌变……用《保险学》书上的话说，就是风险客观存在，不以人的意志为转移；说通俗一点，就是"风险无处不在"。

而我们之所以害怕风险，是因为不确定它会带来多大损失，比如同样是车祸，有人除了受到点儿惊吓外，安然无恙；有人伤筋动骨，得花上大几万的医疗费，虽然肉疼，但也无大碍；有人一命归西，如果偏偏又是家庭经济支柱，就会给生者带来情感和经济上的双重打击；有人卧床不起，需要长期照料，不仅身体饱受摧残，还会持续加重家庭负担，承受极大的精神压力。结果完全是随机的，不未雨绸缪，未免对自己和家人都有点儿不负责任。但是，我们也<u>不确定风险会在什么时候发生</u>，这意味着靠自己储备资金来预防潜在的风险损失是不可行的——万一还没存着几个钱，风险就找上门了，怎么办？

  这时候，我们就愿意买一份保险，按照合同约定，付给保险公司保费，一旦发生了风险，造成了损失，由保险公司支付一笔钱来应对。通过这样的方式，<u>把潜在的、不确定的风险和损失"转移"给了保险公司</u>，由保险公司来替我们承担，使我们拥有一个更加确定的未来——<u>既然阻止不了风险的发生，无法确保生活越来越好的愿望一定能实现，那就退而求其次，至少也要确保一旦风险来临，现有的家庭经济生活水平不会受到太大影响</u>。我们需要这种"确定性"，而这种"确定性"只有保险公司能通过"风险转移"来提供，这才是我们买保险的真正原因。

买保险本质上是消费

从这个角度来说，消费者购买保险时，买的并不是保险产品本身，而是保险公司提供的风险转移服务，产品只是服务的载体，承载了三个服务维度（不分先后）——第一个维度是替我们承担多少风险，也就是保险金额是多少，保险金额越高，保费越贵；第二个维度是替我们承担哪些风险，也就是保险责任是哪些，保险责任越多，保费越贵；第三个维度是替我们承担多久风险，也就是保险期间是多长，保险期间越长，保费越贵。

举个例子，30岁的王富贵想买一份重疾险，在不同的服务维度下，他要付出的成本就不一样：

表2-1 同一款保险产品，不同服务维度下的价格差异

产品计划	保险责任	保险期间	保险金额（元）	交费年期	年交保费（元）	保费级差（元）
A	重疾单次赔付	至70周岁	10万	20年	1283	——
B	重疾单次赔付	至70周岁	30万	20年	3849	2566
C	重疾多次赔付	至70周岁	30万	20年	4764	915
D	重疾多次赔付	终身	30万	20年	7104	2340

（注：保险产品定价还涉及很多因素，后面再做分析）

以计划 A 和计划 B 为例，计划 B 可以赔 30 万元，计划 A 只能赔 10 万元，但计划 B 多赔的这 20 万元可不是凭空而来的，而是因为它每年的保费要比计划 A 贵出 2566 元，计划 C 和计划 D 也是同样的道理。所以，买保险本身就是一种再平常不过的消费行为。而且即使没有发生理赔，也不存在"保费白花了"的问题——假设王富贵买的是计划 A，从他支付第一笔保费开始，保险公司就要替他承担不确定的重疾风险，随时都要做好赔付 10 万元的准备，也就是说在王富贵 70 岁以前，保险公司一直都在为他提供风险转移服务，但这种服务没有直接的体验感，所以如果王富贵 70 岁的时候还健健康康欢蹦乱跳的，合同自然终止，他一分钱都没有赔到，可能就容易产生强烈的损失厌恶感，觉得保费白花了，意识不到这其实是付给保险公司的服务费用。

事实上，即使发生了理赔，这笔保费也会消费掉。假设王富贵第 21 年患了重疾，保险公司当然应该按照合同赔付 10 万元，但此时他已经交满了 20 年保费，一共 2.566 万元，这笔钱，保险公司是不会还给他的，只是当 2.566 万元保费变成 10 万元保险金的时候，很容易产生 2.566 万元本金换回了 10 万元收益的错觉，忽略"买保险是消费"的本质；而且，业务员推销保险的时候，一般都会极力淡化"买保险是要花钱的"这种感受，所以消费者平时很难意识到买保险实际上是在"花钱买服务"。

买保险≠风险管理

谈到重疾险，很多消费者会担忧一个问题：人到老年，患重疾才是大概率事件，现在买几十万保额的重疾险，每年的保费不是小数，但可能三四十年后才会发生理赔，经过这么长时间的通货膨胀，到时候这点儿保额恐怕也不值钱了，而且年龄越大买重疾险越难，可能自己老了以后，在最需要的时候反而缺乏重疾保障了。保险公司不是一直标榜自己做的是一份"爱和责任"的事业吗，这时候怎么不爱我，不对我负责任了呢？

有些消费者则干脆因此而拒绝重疾险——省下来的钱干点儿啥不好，反正年轻人患重疾的是少数，就不信偏偏轮到我倒霉。

这样的担忧是人之常情，完全可以理解，但我们不得不接受一个现实，就是老年重疾风险带来的损失，不可能完全由保险来解决，个人必须承担相当一部分比例。

要客观理解这个问题，需要引入一个风险管理中的概念——风险管理四象限。

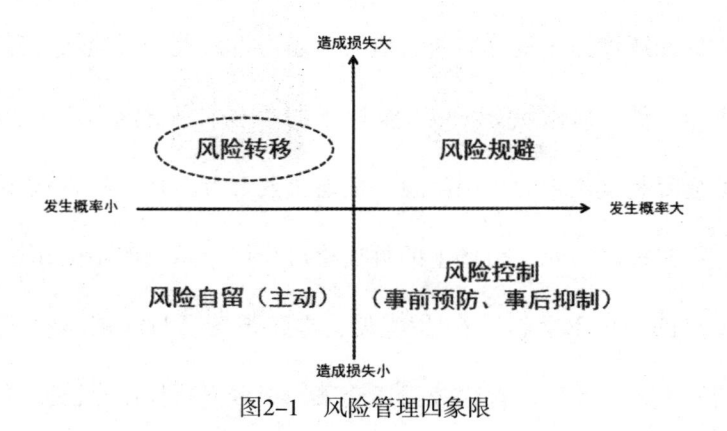

图2-1 风险管理四象限

这四个象限体现了风险管理的四种方法，对应着四类风险在理论上的最优解（不是唯一解，四种方法可同时运用）。可以清楚地看到，只有造成损失大、发生概率小的风险，才能通过风险转移的方式来解决，也就是买保险。因为这类风险一旦发生，会带来无法承受的损失，所以我们有把风险转移出去的需求；而这类风险发生的概率小，保险公司承保十万人，可能只有几个人会在短时间内出险。也就是说，保险公司现在可以获得大笔保费收入，短时间内赔出去的钱却很少，可能几十年后才会迎来一拨赔付高峰，这样就可以通过资金的时间差赚到钱。因此保险公司也愿意接收这类风险，供需双方才共同构成了风险转移的基础，年轻时的重疾风险就是这类风险的典型。

而老年重疾风险则是一种造成损失大、发生概率也大的风险，虽然消费者把这类风险转移出去的愿望更加迫切，但企业也同样需要做风险管理，对于保险公司来说，承保老年重疾风险很容易在短时间内发生大量赔付，不但保费还没捂热就可能全赔出去，还得再搭上一大笔钱。保险公司是商业机构，偶尔做做慈善可以，摆明了的亏本生意肯定不能干，所以保险公司就会限制重疾险的投保年龄，把老年消费者拒之门外，直接把这类风险完全规避掉。因此，市场上的重疾险可投保年龄一般不会超过55岁，个别宽松点的，也不会超过65岁，使得老年消费者只能被动地把重疾风险"自留"下来。此外，保险公司还会采用很多方法控制自己要承担的老年重疾风险，比如年龄越大保费越贵，把保额上限控制在20万元以内等，即使老年消费者能顺利投保，付出的成本也会更高，而且一旦得了重疾，赔到的钱恐怕也只能稍微缓解一点压力。

虽然现在很受年轻人欢迎的百万医疗险也有专门针对老年人的版本，首次投保最高年龄可以达到80岁，但到了这个年纪的老年人，基本上都患有基础疾病，很难顺利通过健康告知，除非在年轻时顺利投保，之后一直正常续保，才可能在发生老年重疾风险的时候，由保险公司来承担部分损失。但是，重疾的治疗和康复是长期持续的，百万医疗理赔之后能否正常续保存在不确定性；而且，百万医疗也不是所有的医疗费用都可以报销，康复费用更是一分钱都不报销，如果要打持久战，自己要承担的费用也不是小数。

所以，想要通过保险来充分转移老年重疾风险带来的潜在损失，原本就是一件困难的事情，能转移一部分就相当不错了，即使买了保险，也需要做好自己承担多数费用甚至变卖部分资产去治病的心理准备。这一点不太容易想明白，情感上更不容易接受，却是一个客观现实，理解了这一点，也许你就不会再纠结年轻时买重疾险，老了以后保额会被通货膨胀侵蚀掉的问题了。

那么，面对老年重疾风险，我们还能做些什么呢？

首先，如果是身体健康状况已经出了问题的老年人，可以投保很多城市都在力推的"惠民保"。这种产品和百万医疗险类似，但不限制投保年龄，也没有健康告知，今天买明天就能赔，只要在当地缴纳社保就能投保，而且保费很便宜，还可以直接从医保账户扣费，但也正因为没有投保门槛，所以和百万医疗险相比，免赔额会高一些，医疗费用的报销比例会低一些，一般在60%—70%。如果是既往病症导致的疾病，报销比例一般在20%—30%，虽然依然不能充分转移老年重疾风险损失，但起码能减轻些经济压力，性价比很高。

其次，虽然我们不能完全规避老年重疾风险事件，但可以尽量规避一些风险因素，比如空气污染和长期吸烟都是导致肺癌的重要诱因，虽然我们无法做到不呼吸，不能保证自己不会患肺癌，但起码可以通过戒烟来规避因吸烟导致肺癌的风险，降低患肺癌的概率。

另外，我们还可以尝试一些能力范围内预防老年重疾风险的方法，比如：坚持锻炼身体、健康饮食等，尽量延缓身体器官老化衰退。

至于造成损失小的风险，不管发生的概率多大，都没必要通过买保险来转移，比如王富贵是一个厨师学徒，需要练刀工，他切伤手的概率就比其他人大得多，但只要花十几元钱买个护指器就能解决这个问题；如果王富贵的师父特别严厉，不允许他用护指器，问题也不大，切到手后，拿水冲洗一下伤口，上点儿药就行，最多再去打个破伤风针，避免感染，这些都花不了多少钱。从消费者王富贵的角度来说，他可能不会意识到这也是一类风险；从保险公司的角度来说，为这类风险提供产品和服务是浪费资源，所以多数意外伤害医疗保险都会有100元钱的免赔额——百十元钱的事儿，自己完全可以解决，就别来找我报销了，否则大家都麻烦。另外，既然王富贵已经学厨师了，女朋友梅如花就会很少进厨房，切到手的风险对于她来说，不仅造成的损失小，发生的概率也低，连护指器都不用买，即使偶尔下厨切伤了手，让王富贵给她包扎一下就可以。

总之，风险是多样的，风险管理的方法也是多元的，<u>不是所有风险都能通过保险来转移，也不是所有风险都需要通过保险来转移</u>。从理论上来说，<u>科学的风险管理，不是买几份保险那么简单的事情，应该是对风险进行识别和评估，选择合适的风险管理方法，并随着时间的推移和家庭结构的变化进行调整，尽可能用合理的成本把潜在风险损失对家庭经济生活的影响降到最低</u>。

风险管理方案因人而异

不过，每个人对风险和成本的感知不同，评估标准也就不同，风险管理的方案要因人而异。比如王富贵和李有财都是有着10年工龄的长途货车司机，收入差不多，积蓄差不多，负债差不多，年龄差不多，家庭结构也差不多……总之就是这么巧，一切都差不多，还都是家里的顶梁柱，一旦出事，家庭经济来源就断了。而众所周知，长途货车司机发生交通意外身故的风险比一般人要大得多，所以在买意外险的时候，长途货车司机的保费要贵得多。比如职业风险比较低的人买50万元保额一般只要200元左右，而长途货车司机买50万元保额就需要1200多元，也有很多保险公司觉得风险太大，甚至根本不接受长途货车司机投保。

同样，这个风险到底有多大，王富贵和李有财的评估可能也不同——王富贵认为，这就是一种造成损失大、发生概率也很大的风险，如果可以，还是要尽量避开跑长途货车这个风险因素，就是改行，但放弃做长途货车司机的收入，也是一种成本，怎么取舍呢？

王富贵认真想了想，觉得自己常年在外，老婆孩子提心吊胆，缺乏陪伴，时间长了也不是事儿，而且家里已经稍有积蓄了，完全可以在当地开个店做点儿小生意，虽然收入可能没跑长途稳定，却能过上老婆孩子热炕头的生活，值得一试，如果真的赔了，大不了再干回老本行；而李有财觉得，虽然这份工作风险有点儿大，但能挣着钱，如果改行，不一定能保持住现在的收入，趁着自己现在身体好，多给孩子攒点儿钱，把孩子培养好，为了孩子，值得冒这个风险，而且也不是拿这个风险完全没办法，买个意外险的钱还是出得起的，如果真该自己倒霉，大不了就当拿命给孩子换钱了。

你看，即使是外在客观条件如此相似的两个人，面对同样的风险和成本，作出的选择也截然不同，更何况多数人的情况都不一样，因此风险管理理论只能作为指导原则，具体方案还需要个性化订制，风险转移（买保险）作为其中的一个重要环节，当然也是如此。

而保险方案个性化订制有一个基本前提，就是要知道不同种类保险产品的作用分别是什么，就像你打算骑车上班，选择骑行工具的时候，就要知道自行车、电瓶车和摩托车的区别，然后结合自己的实际情况和偏好来决定。比如在经济条件允许的情况下，你希望顺便锻炼身体，就可以选择自行车；希望早上多睡一会儿又不想花油钱，就可以选择电瓶车；希望享受万众瞩目的快感，就可以选择拉风一点儿的摩托车。

当然，现实生活中，几乎不可能有人不知道自行车、电瓶车和摩托车的区别，但保险产品不一样，信息不对称的特点非常强，再加上过度的营销包装甚至销售误导，很多消费者根本就不知道保险产品的具体分类和作用，买得也是稀里糊涂，这样就很容易出错。

认清保险产品的分类和作用

这里，先从保险责任的角度，梳理一下保险产品的分类。你也可以根据这个分类来对照，看看是否知道自己买的是什么保险产品——

1. 健康保险

细分如下：

（1）疾病保险。主要针对比较严重的疾病，一般包括重大疾病保险、防癌保险、其他特定疾病保险（比如只保糖尿病严重并发症的保险）。这类产品我们相对比较熟悉，不过需要注意的是，以前保险行业在培训的时候，经常会教业务员用"确诊即赔"的话术来推销重疾险，但实际上这种说法不严谨，多数疾病只有达到合同约定的条件才可以理赔，要以合同条款为准，比如心脏瓣膜手术在合同中的定义就是"为治疗心脏瓣膜疾病，已经实施了切开心脏进行的心脏瓣膜置换或修复的手术"。

（2）医疗保险。分为两种：费用补偿型和定额给付型。所谓费用补偿型，指的是发生医疗费用后，需要自己先行支付，之后再找保险公司报销，最终获得的赔付不会超过实际支出。现在备受欢迎的百万医疗险就是这种类型。当然，对于大额医疗费用支出，很多公司也会提供垫付医疗费用的服务。而定额给付型和实际支出无关，一般以住院津贴、手术津贴等形式出现，按津贴日额×住院天数给付，需要注意的是条款中住院天数的起算日期，比如有些产品的条款规定：津贴日额200元，自住院第四天起计算。假设被保险人3月1日至7日住院治疗，住院津贴就从3月4日起开始给付，一直到3月7日，一共4天，给付总额为200×4=800元。

（3）护理保险。一般指的是出现了自主生活能力丧失、需要专人护理的情况（不一定是因重疾导致），保险公司根据合同约定，每年给付护理保险金，比如：10万元保额分5年给付，每年2万元。但很多常见病种达到重疾理赔条件的时候，往往也符合自主生活能力丧失的定义，10万元保额可以直接赔付，因此消费者更倾向于购买重疾保险，护理保险的销量一直比较惨淡，各家保险公司也并不重视。目前，市场上可选择的真正的护理保险并不多，销量比较好的产品基本上都是"假护理险"，即打着护理保险的旗号，实际上却更偏重于储蓄功能的类理财产品。

（4）失能收入损失保险。是指由于达到合同约定的失能状态，没有办法再工作的情况下，保险公司根据合同约定每个月或每年给付保险金，从一定程度上弥补收入损失。这类产品很有价值，但由于市场教育不足，接受度比较低，目前可选择的产品也很少。

2. 人寿保险

细分如下：

（1）定期寿险。在一定期间内（比如：20年、30年等）身故或全残，保险公司按照合同约定的保险金额赔付，满期平安无事，合同自然终止，不会有任何返还。

（2）终身寿险。在一生中只要身故或全残，保险公司按照合同约定的保险金额赔付。

（3）两全保险。在一定期间内身故或全残，保险公司按照合同约定的保险金额赔付，而如果在合同约定的某个时间点仍然生存，保险公司则会按照合同约定给付生存保险金。所以，两全保险也被称为"生死合险"。

3. 意外伤害保险

赔付因意外伤害导致的身故、残疾（根据伤残等级按比例赔付，人寿保险一般只赔全残）。这里需要提醒的是，猝死不属于意外伤害，但现在很多意外伤害保险会把猝死责任加进来，买的时候可以关注一下。

4. 年金保险

细分的方式比较多，这里以市场上常见的类型来划分：

（1）即期年金。可以简单理解为合同生效以后，就可以开始给付的年金，比如市场上曾经出现过的刚过犹豫期就开始返还第一笔年金的产品，

27

不过由于监管的规定，现在市场上所有的年金保险第一笔返还最早只能从第五年开始。

（2）延期年金。可以简单理解为交费一段时间以后，按照合同约定的时间开始给付的年金，比如：60岁起领的养老年金保险就是这类产品的典型。

这四类产品分工明确，各司其职，不存在"一岗多能"的情况，健康保险不可能赔身故，意外保险也不可能赔疾病，只要业务员告诉你"这个也保，那个也赔"，就一定是多个产品的组合，比如你以为自己买了一款保终身的，"既赔重疾，也赔身故"的终身重疾险，其实买的是一款终身重疾险和一款终身寿险的组合。这是两个产品，花的也是两份钱。

如何评估风险，选择保险，框定预算

很多人认为，重疾和身故都是重大的人身风险，即使花了两份钱，但重疾和身故都能赔，而且还是保终身，所以一定赔得到，好像也没毛病。

从表面上看确实如此，不过从风险管理的角度来看，这是一个很常见的认知误区。因为风险是否需要转移，要以潜在的经济损失程度评估为基础，跟精神损失无关，但直面死亡的确是一个很难的人生课题，死亡也会给生者带来巨大的情感伤害，从而使我们很容易忽略一个事实——在人生中的某些阶段，身故风险造成的经济损失其实并没有想象中那么大。换句话说，和重疾相比，身故保障不一定需要贯穿终身。

比如一个孩子不幸夭折，父母所承受的痛苦是旁人无法感同身受的，但抛开情感因素，这并不会对家庭的正常经济生活造成太大影响。因为家庭的经济来源是父母，他们此时还年轻，依然具备赚钱能力，总有一天要回归到正常的工作和生活中，只是这段悲伤会一直埋在心底。这当然应该被报以最大的同情和善意，但它不是保险能解决的问题。而如果是重疾，父母一般都会不惜一切代价为孩子治病，与病魔长期斗争会产生巨额的医疗费用，甚至需要卖房卖车，这不是普通家庭能承受的损失，所以在孩子童年时期，一定要给他买重疾险，而身故保障则不是必选项。

成家立业后，情况就大不一样，很可能会背上房贷、车贷等大额债务，而且不仅要抚养子女，可能还要赡养老人，一旦不幸身故，家庭收入就会陡然减少，生活很可能会立刻陷入困境；如果遇上重大疾病，不仅收入会减少，还会再增加一笔高额的治疗费用，对家庭经济生活的影响更大，所以在这个阶段，重疾和身故风险都必须尽可能充分转移。

进入老年时期，死亡的脚步会越来越近，终有一天我们的家人要承受这份悲伤，但这依然是在情感层面，因为一般情况下，这个时候我们应该已经还清了所有债务，也基本完成了一生的财富积累，即使离开这个世界，多少也能给相濡以沫了一辈子的老伴儿留些钱，而子女也都已经长大成人，经济独立，有了自己的家庭，我们的离开并不会让他们的经济生活变差。因此，在老年时期，也许我们会更加忌讳死亡，但从某种意义上来说，此时死亡更像是一种考验而非风险，身故保障的需求也就不那么迫切。至于重疾，前文已经分析过，老年重疾风险本来就很难通过买保险充分转移，而且此时我们拿的是退休工资，即使不幸罹患重疾，也不存在原有债务的压力和不能工作的收入损失，社保、百万医疗和惠民保还能报销一部分医疗费用，跟年轻时相比，重疾风险造成的经济损失要小得多（注意：不是说老年时期得重疾造成的损失小，而是相较年轻时得重疾的损失小），所以在买重疾险的时候，能兼顾老年时期的重疾保障固然最好，如果不能，就要优先把年轻时期的重疾保额买高。

　　从整个社会的宏观角度来看，年轻时期遭遇身故和重疾的概率很小，可对于真正发生了风险的微观个体而言，就是100%的损失，正所谓"发生在别人身上是故事，发生在自己身上就是事故"。因此在买保险的时候，在预算有限的情况下，不应该去纠结风险发生的概率大小，盲目追求"终身保障"，而应该评估现阶段风险可能导致的最大损失是多少，尽可能买足保额，充分转移风险，把保费支出和潜在损失都控制在自己可承受的范围内。

　　那么，如何框定买保险的预算呢？有些所谓专家会告诉你，用在保障功能比较强的保险产品（如重疾险、定期寿险、意外险、医疗险）上的总保费不要超过家庭年收入的 15%，比如家庭每年收入约 30 万元，全家人的保险加在一起，保费就不要超过 4.5 万元。乍一看好像有道理，但实际上这个标准非常不严谨，因为如果这 30 万元是税前收入，扣掉个人所得税之后到手的收入大约为 25 万元，而且衣食住行一定要花钱，要是有房贷车贷，也不能不还，这些都是刚性支出，假设一共 10 万元，那么家庭每年可自由支配的收入就只有 15 万元，在这种情况下，以 4.5 万元作为每年保费的参考上限，显然是不合理的。所以，更科学的衡量标准应该以家庭每年可自由支配的收入为基数，至于 15% 的比例，相对来说，还算是一个合理水平。

也就是说，如果家庭税前年收入是 30 万元，扣掉个人所得税和刚性支出后的可支配收入是 15 万元，那么参考 15% 的标准，家庭每年的保费支出就应该以不超过 2.25 万元为参考标准，而不是 4.5 万元。不过在实际情况中，很多消费者会觉得 15% 的占比也还是太高了，这没有绝对的对错，预算多有预算多的买法，预算少有预算少的买法，只要结合自己的需求和偏好来选择，买得明白就可以。

到这里，如果你已经跳出了固化思维，对风险管理有了一些新的认识，也了解了保险产品的分类和作用，接下来我们就再一起深入了解各类保险产品的底层逻辑和包装套路，让忽悠和误导从此在你面前无所遁形。

下篇

揭秘各类保险产品的销售包装套路

第三章
重疾险的包装套路

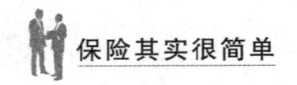

"储蓄型重疾险"是彻头彻尾的伪概念

我曾在前文提到，多数消费者的重疾保额不足，但并没有给出明确的解决方案，所以就让我们从重疾险开始。

很多人听说过"储蓄型重疾险"和"消费型重疾险"，所谓"储蓄型重疾险"，其实就是我在前文提到的"保终身的，既赔重疾，也赔身故的重疾险"，它之所以被称为"储蓄型重疾险"，是因为即使一个人一生都健康平安，但也终有一死，一定能拿回高于保费数倍甚至数十倍的理赔款，差别无非在于这笔钱是赔给本人还是受益人而已。而只赔重疾、不赔身故的重疾险，在保险期间，如果没患重疾，人就不在了，既不会触发理赔，也不会退还保费，这笔钱就花掉了，所以叫"消费型重疾险"。

这是典型的偷换概念，哪种储蓄是人必须病了或死了才能拿到钱的？事实上，"储蓄型重疾险"和"消费型重疾险"这种分类方式根本就不存在，即使你购买的是"储蓄型重疾险"，保费也依然会被花掉，买保险本来就是消费行为，前文已经强调多次了。

"储蓄型重疾险"的保费花在哪里了呢？下面是东霓保险公司的一款

重疾险，消费者可以自由选择是否赔身故，王富贵看到"消费型重疾险"的价格便宜那么多，一下就心动了。

表3-1 "消费型重疾险"和"储蓄型重疾险"的保费差异

产品形态	保险金额（元）	保险期间	交费期间	年交保费（元）
"消费型重疾险"	50万	终身	20年	6755
"储蓄型重疾险"	50万	终身	20年	10610

这时，业务员告诉王富贵，如果买"消费型重疾险"，一旦生了急病，还没达到合同约定的重疾理赔条件（前文讲过，很多重疾不是"确诊即赔"）人就不在了，是没办法获得赔付的，所以应该买"储蓄型重疾险"；而且，您今年刚30岁，处于事业的上升期，又是家里的顶梁柱，保额也应该买高一点儿，即使买不了100万元，也得先买50万元，这样保障才全面，才能体现一个好男人的责任与担当。

王富贵听了，觉得有道理，可是在他看了自己到手15000元的工资条后，有些犹豫。不过，这时候他又想到，好友李有财就是只买了20万元重疾险保额，结果患肺癌后赔的钱不够用，导致现在家庭生活很拮据。于是他一咬牙一跺脚，钱花了还能再赚，就买50万元！

拿到保险合同后，王富贵看到条款上有这样一句话："被保险人在保险期间内由专科医生确诊初次发生本合同所列的一种或多种重大疾病，本公司按本合同基本保险金额给付重大疾病保险金，同时本合同终止。"后，觉得不太对劲——这意思是说，如果先得了重疾，获赔50万元后，合同就终止了，以后再身故就不会赔了，这样算起来，我每年多花3855元，跟"消费型重疾险"赔得一样多，那这笔钱不就白花了？

王富贵研究了一下其他"储蓄型重疾险"的条款，发现都有类似的描述；随后，他又找了几个重疾多次赔付的"储蓄型重疾险"条款，基本上都是这样描述的："我们给付首次重大疾病保险金后，本合同的现金价值降为零，同时本合同身故或全残保险金、生命末期保险金、中症疾病保险金、轻症疾病保险金、特定恶性肿瘤保险金责任均终止，我们继续承担第二次、第三次的重大疾病保险金的保险责任"，这不也是重疾赔完就不再赔身故的意思吗？比"消费型重疾险"贵，赔的却同样多，那"储蓄型重疾险"的"储蓄"体现在哪儿呢？

王富贵有些疑惑，跟业务员取得了联系，打算问个明白。

业务员告诉王富贵，因为风险无处不在，还没得重疾人就身故了的可能性完全存在，谁也控制不了，比如因为交通意外导致身故，"储蓄型重疾险"还可以按照身故责任来赔，"消费型重疾险"却不能，保险公司替您承担了更多风险，每年多花的3855元支付的就是这笔费用，没有浪费掉。

王富贵听了，还是觉得不对劲："那我人都没了，当然就不可能再获得重疾赔付了，所以我只能获得50万元的身故赔付，跟重疾没关系，这不就相当于我买了个终身寿险吗？但我看了看，如果单买一个终身寿险，即使市场上比较贵的产品，买50万元保额每年也只要9100元，而买这款'储蓄型重疾险'，每年保费是10610元，贵了1510元，这笔钱不也等于花掉了吗？还是跟'储蓄'没关系啊。"

业务员："是这样，王先生，刚才我也跟您解释了，在我们一生中任何人都无法决定自己是先得重疾还是先身故，我们控制不了风险，如果只买终身寿险，万一先得了重疾就赔不到了……"

王富贵："我知道啊，那这不又绕回去了吗？先得了重疾就不再赔身故了，反正这50万元无论如何也只能身故重疾二赔一，我肯定要多出一份钱，而且放在保险公司的保费也不能随时拿出来，我就想知道'储蓄型'重疾险的'储蓄'到底体现在哪儿。"

业务员："……"

显然，无论从哪个角度，"储蓄型重疾险"这个伪概念都经不起推敲，所有的保障都是有成本的，<u>买保险本质上买的是风险转移服务，就是一种纯粹的消费行为</u>（这已是我第N次强调了）。

"储蓄型重疾险"的真相

"储蓄型重疾险"其实是一款终身重疾险和一款终身寿险的组合，其中重疾险是以附加险的形式出现的：

表3-2 "储蓄型重疾险"的本质形态

产品	保额（元）	保险期间	交费期	年交保费（元）
终身寿险	50万	终身	20年	9100
附加提前给付重大疾病保险	50万	终身	20年	6300

作为主险，"终身寿险"条款里一般都会描述"被保险人身故，我们按照身故时本主险合同基本保险金额给付身故保险金，本主险合同终止"，而"附加提前给付重大疾病保险"条款一般都会描述"主险合同效力终止，本附加险合同效力终止"，合在一起的意思就是，赔付50万元保额的终身寿险后，主险合同效力终止，50万元保额的"附加提前给付重大疾病保险"合同也随之自动终止。

另外，"附加提前给付重大疾病保险"的条款中还会有这样一句描述："我们给付重大疾病保险金后，本附加险合同终止，主险合同基本保险金额按本附加险合同的基本保险金额等额减少；主险合同约定的各项保险责任及保险单上载明的现金价值按减少后的基本保险金额确定，当主合同基本保险金额减少至零时，主险合同终止。"意思就是，50万元保额的附加提前给付重大疾病保险赔付后，终身寿险的保额会等额减少为50万元－50万元=0，合同也同时终止，再身故就不会赔付了，这就是"储蓄型重疾险"身故和重疾二者只能赔其一的原因。

如果想得了重疾获得赔付后，还可以赔身故，主险终身寿险的保额就要比附加险高，比如附加重疾保额50万元不变，但主险终身寿险购买70万元保额，赔过重疾后，主险终身寿险保额还剩20万元，身故就可以再赔20万元，只不过支付的保费也会相应提高。再次强调，所有的保障都是有成本的。

不过，现在的"储蓄型重疾险"大多已经不以终身寿险＋附加提前给付重大疾病保险的形态出现了，而是直接把终身寿险的身故全残责任融入在重疾险的条款中，保险合同上根本看不到"终身寿险"四个字。这其实是不严谨的，因为它混淆了人寿保险和健康保险的定义。可是只要能卖出去，又有谁会在乎这个呢？

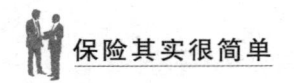

不该买"储蓄型重疾险"的根本原因

综上所述，如果消费者购买所谓"储蓄型重疾险"，实际上有六成左右的保费都花在了终身寿险上，在预算有限的情况下，当然不可能把重疾保额买高。但是，从销售端来看，这种产品正好契合了消费者"买保险就要赔得到"的认知误区，而且中国老百姓储蓄意愿比较强，把重疾险包装成"储蓄型"，可以引导他们把"买保险要花钱"换到"买保险是存钱"的心理账户中，沟通成本更低，更容易成交。

思考一下，如果你不了解"储蓄型重疾险"的底层逻辑，两款重疾险摆在你面前，一款只赔重疾，身故一分钱不赔，另一款重疾和身故都能赔，你更愿意选择哪一款？往前倒一二十年，上一代人会更愿意选择哪一款？答案很明显。而且，"储蓄型重疾险"的保费更高，业务员得到的佣金也更高，主推"消费型重疾险"简直就是一件吃力不讨好的事情，这导致在很长一段时间内，市场上几乎只有这种"储蓄型重疾险"在销售，整个行业的重疾件均赔付很低也就不足为怪。

当然，王富贵作为家庭的主要经济来源，身故保障是必需的，但应该通过定期寿险来规划，而不是终身寿险，原因很简单，就是王富贵税后15000元的月收入还远远达不到买终身寿险的财富量级，更何况他买房的时候不仅掏空了所有积蓄，还背了50万元的房贷，每年的可支配收入得再打个折，就更买不起终身寿险了。

表3-3　东霓保险公司定期寿险和终身寿险的保费对比

产品	保险金额（元）	保险期间	交费期间	年交保费（元）
东霓定期寿险	150万	30年	20年	2940
东霓终身寿险	150万	终身	20年	20850

这是东霓保险公司推出的定期寿险和终身寿险，虽然终身寿险的保费已经相对便宜很多（上文表3-2中举例的终身寿险，购买50万元每年保费27300元，更贵），但很明显，定期寿险才是王富贵更现实的选择。

为什么考虑买150万元保额呢？因为王富贵的太太梅如花为了照顾年幼的孩子不得不牺牲事业全职在家，在孩子到达学龄之前，家里开销基本上都要靠王富贵一个人，一旦他明天出门不幸没回来，50万元的房贷就会成为巨大的负担，太太和孩子未来的基本生活开支也可能都是问题，所以保额应该以50万元保额为基础，再加上至少5年的收入损失，给孤儿寡母一个相对充足的缓冲期。

王富贵的税后年收入大约是18万元，5年一共90万元，凑个整加起来就是150万元。而如果王富贵误认为买定期寿险，30年满期人还很健康，将近6万元的保费就白花了，太不划算，非要为了"赔得到"买终身寿险，同样每年 2940 元的保费，就只能买到 21 万元保额，万一短时间内身故，赔到的这点儿钱对家庭来说无疑是杯水车薪。

那王富贵什么时候才应该购买终身寿险呢？主要取决于他未来的发展，比如王富贵奋斗到 45 岁时，成了公司高管，年入百万，积累财富的能力大大提升，有了未来给孩子留一笔钱的需求，就可以考虑终身寿险。因为除非自杀，否则没人知道自己什么时候会离开这个世界，所以定期寿险无法确保实现给孩子留钱的目的，必须要用终身寿险。同样以前文提到的那款终身寿险为例，45 周岁时买 150 万元保额，20 年交费，每年保费是 3.39 万元，一共要交 67.8 万元，跟 30 岁时的保费相比，贵了很多，但除此之外，任何方式都无法确保王富贵在离开这个世界的时候 67.8 万元可以变成 150 万元。另外，如果随着生活水平大幅提高，王富贵换了大平层，房贷增加了不少，短期内对身故保额的需求也更高，他也可以再加保一些定期寿险。

你看，虽然都是保身故，但定期寿险和终身寿险的作用完全不同，说得直白一点儿，定期寿险是必需品，不管钱多钱少，都建议根据自己的家庭情况买一点儿，终身寿险是奢侈品，没那么多钱还是算了。

所以，"储蓄型重疾险"最大的问题并不是贵，而是捆绑了终身寿险，而且卖给了太多经济实力不太强、不适合终身寿险的消费者，导致他们买到的重疾保额太低，一旦发生风险，即使能获得理赔，也难以阻止生活陷入困境。更可惜的是，这个时候他们还会埋怨自己为什么不咬咬牙多买一点儿，却不知道自己付出的保费其实原本就可以买到充足的保额。

为什么"储蓄型重疾险"能忽悠到现在

"储蓄型重疾险"的底层逻辑并不复杂，消费者和真相之间只隔着一层窗户纸，但为什么这么多年都捅不破呢？

因为保险服务的峰值体验往往发生在理赔时，通常只要是正常理赔，速度都比较快，雪中送炭只会让人感激，不但意识不到自己买错了产品，说不定还会送面锦旗。如果不巧遇到了理赔拖沓，满脑子就都是上当受骗的愤怒——"其他的都不重要，你赶紧赔钱就行，否则我跟你没完"，哪里还能想到这其中另有玄机？

而且，重疾险的消费群体以年轻人为主，而年轻人发生理赔的概率并不高（根据2020版重疾发生率表，监管标准定义的28种重疾，40岁男性的发生率仅为0.23%，30岁男性的发生率更是只有0.08%），所以大多数消费者并不会有"赔的钱不够用"的切身体会，自然也很难意识到这个问题。

消费者自己意识不到，业务员当然更不可能主动告知，因为他们不仅没学习过这些知识，还会不断地把销售"储蓄型重疾险"这件事自我合理化——如果消费者获得重疾理赔，业务员的感受会是"我用自己的专业帮到他了，要不是他听我的买了重疾险，一分钱都赔不到"；如果消费者发生了身故理赔，业务员的感受会是"他幸亏听了我的专业意见，买的是'储蓄型重疾险'，否则就无法获得理赔了"……

这些感受都会让他们获得极大的成就感。而一旦发生这样的理赔案例，保险公司还会请这些业务员去分享，于是所有人都会更坚定地相信"储蓄型重疾险"确实是最好的。至于消费者买的保额不够高，赔的钱不够用，那是他们自己的问题，是他们不愿意多掏钱造成的，跟产品没有关系。有的业务员甚至还会自责，如果我当时强势一些，逼他多买一点儿就好了。因此，很多业务员还真不是没良心，一开始就决定忽悠你，而是真的相信卖给你"储蓄型重疾险"是在为你好。当集体共识通过时间的推移进一步沉淀为集体记忆时，不同的声音就更难以介入了。

到这里，相信你多半已经认清"储蓄型重疾险"的真面目了。为了帮你进一步强化认知，接下来的内容中，我会用"捆绑终身寿险的假重疾险"来代替"储蓄型重疾险"，用"不捆绑终身寿险的真重疾险"来代替"消费型重疾险"。也许这样表述有点拗口，但请你理解我希望把"储蓄型重疾险"和"消费型重疾险"这种误导消费者的伪概念彻底抹掉的心情，因为在我从业的这 15 年中，看到过好几起因为购买了"储蓄型重疾险"

而导致"赔得不够"的案例,实在令人心痛惋惜。

科学配置重疾险的思路

我想你可能还有一个疑问:即使是前文提到的不捆绑终身寿险的真重疾险,买50万元保额每年需要6755元,对于高收入人群,当然不算什么,但还有很多消费者每个月到手的工资都不一定有这么多,何况50万元对于重疾所造成的损失来说,也不一定够用,"保额不够"的问题好像还是得不到解决。

这时候,就要跳出"老年以后患重疾概率高,所以重疾险一定要覆盖老年时期"的思维定式,认识到老年重疾风险很难通过保险转移(前文已经分析过),不能近乎偏执地追求"终身保障",把本就有限的预算又拿出一部分花在"保障长度"而不是"保障额度"上,而是选择定期重疾,优先把年轻时期的重疾保额买高。比如王富贵选择以下三款产品组合投保:产品A买50万元,产品B买30万元,产品C再买20万元,年交保费只有5342.8元,而在30岁到50岁这最需要奋斗的20年中,重疾保额可以达到100万元,相对比较充足,同时也兼顾了50—70岁的保障,至于70岁以后怎么办,可以根据未来的变化情况再做打算。

总之，搭配的方法很多，只要根据自己的预算和偏好做决定即可。在附录的案例中，我也会列举不同家庭的详细配置方案以及配置原因供你参考。另外，如果投保时能选择30年交费，也可以拉长交费时间，从而降低年交保费的压力。

表3-4　不同类型的重疾险价格

产品	保险金额（元）	保险期间	交费期间	年交保费（元）
产品A（仅赔重疾）	50万	20年	20年	1264.8
产品B（仅赔重疾）	30万	至70周岁	20年	2244
产品C（含轻症+中症）	20万	至70周岁	20年	1834

（注：以上产品均为不捆绑终身寿险的真重疾险，以30岁男性投保为例）

消费者过于追求"终身保障"的误区，还体现在很多宝爸宝妈听到"我们给孩子的爱是一辈子的，是不分年龄的，那给孩子的保障当然也应该是终身的"这种销售话术时，很容易被打动，毫不犹豫地就给孩子购买了"捆绑终身寿险的假重疾险"。殊不知这是最错误的一种选择，因为<u>终身寿险是有钱人安排自己身后事的工具，是给家人留钱用的，给孩子购买毫无意义</u>。

而且，在孩子成长的过程中，父母才是最强大的后盾和保障，应该优先把自己的保障做足，否则父母一旦发生风险，得不到充足的赔付，家庭收入水平就会大幅下降，连孩子的前半生都保障不了，还谈什么保障终身呢？所以，在预算有限的情况下，即使是购买"不捆绑终身寿险的真重疾险",也不一定非要给孩子保终身,先保个30年也足够。

表3-5 东霓保险公司少儿重大疾病保险保30年和保终身的保费差异

产品	保险金额（元）	保险期间	交费期间	年交保费（元）
东霓少儿重大疾病保险（不满1周岁的男孩投保）	100万	30年	20年	1220
	100万	终身	20年	4850

（注：东霓保险公司的一款重大疾病保险，保险期间可以自由选择30年或终身）

跟保30年相比，保终身的每年保费要贵3630元，乍一看不是很多，但足以把大人的保障做得更充分：

表3-6 3630元左右保费能买到的其他保险产品

产品	保险金额（元）	保险期间	交费期间	年交保费（元）
北彩重大疾病保险	25万	终身	20年	3378
	40万	至70周岁	20年	3668
北彩定期寿险	130万	至70周岁	20年	3623
	260万	至60周岁	20年	3689

（注：均以30岁男性投保为例）

除了上表中的产品，市面上还有很多产品可以选择，但无论如何，作为父母，虽然可以为了给孩子买名牌，自己省钱穿平价衣服，但购买保险时，一定是自己的保障越充足，孩子的成长才越有保障，千万不要本末倒置。另外，我们当然希望孩子一生平安，但还是请你仔细想想看，在同等保费的情况下，保30年可以买100万元保额，保终身只能买25万元，是万一30年内患重疾赔100万元对于家庭的帮助大，还是30年后患重疾只赔 25 万元对于家庭的帮助大？而且，孩子 30 岁的时候已经经济独立，有能力自己购买保险，也说不定那时候行业更进步，产品比现在的要更好，所以孩子未来的保障，完全可以交给他们自己。

有些宝爸宝妈可能还会担心，如果选择保 30 年，孩子在这期间没发生重疾，但得了其他疾病，影响以后买重疾险，孩子将来不就没有重疾保障了吗？其实，这个问题保险公司也想到了：<u>有些公司的少儿定期重疾险会提供这样一项创新服务：保险合同满期后 60 天内，可以选择公司届时在售的其他重疾险来投保，而且免健康告知，免等待期</u>。也就是说，只要东霓保险公司有这项服务，给孩子购买保 30 年的重疾险，即使满期时孩子的身体状况在其他保险公司无法购买重疾险，在东霓保险公司也可以直接买，而且即使今天买明天出险也能理赔。这是一个很贴心的解决方案。

其实，即使父母的保障比较充足，我依然不太建议给孩子买终身重疾险。原因在于，如果孩子随我们的心愿一直健健康康，七八十年后才得重疾，经历了长时间的经济增长和通货膨胀，到时候 100 万元保额能起多大作用还是未知数，孩子长大后终究还是要自己去购买重疾险，与其这样，倒不如把每年省下来的几千元钱用在当下，比如积攒一小笔旅游基金，带孩子去看看外面的世界；或者送孩子一个他一直想要却不敢开口的贵重礼物……总之，在孩子的成长过程中，这些钱也能做不少事情。当然，钱在自己兜里，怎么花自己说了算，只要买得明明白白就可以。

被忽略的好产品：一年期重疾险

要想进一步提升未成年和年轻时期的重疾保额，还有一件利器，就是一年期重疾险：

表3-7　某公司一年期重疾险费率表

年龄	100种重疾（10万元保额）			
	首次及非连续投保（元）		续保（元）	
	男	女	男	女
0	49	54	51	55
1–4	37	39	38	41
5–10	31	29	33	29
11–15	31	29	33	29
16–20	37	37	37	37
21–25	51	49	52	50
26–30	72	83	75	84
31–15	108	116	110	119
36–40	183	212	185	215
41–45	328	332	336	338
46–50	598	512	608	528
51–55	1015	700	1035	708
56–60	1598	949	1635	965
61–65	2175	1475	2220	1515
*66–70	——	——	3210	2665
*71–75	——	——	4555	4170
*76–80	——	——	5980	5610
*81–85	——	——	7790	7620

续表

年龄	100种重疾（10万元保额）			
	首次及非连续投保（元）		续保（元）	
	男	女	男	女
*86-90	——	——	11530	9880
*91-95	——	——	15385	12575
*96-100	——	——	18705	16210
*101-105	——	——	23435	20195

这里说明一下，重疾险一般都有90天的等待期，等待期内出险是不赔的，相当于一年少保障90天，而续保就没有等待期，所以表中首次及非连续投保比续保的费率略微便宜一点，下文计算保费的时候，我们以续保费率为基数。

从费率表中可以看到，一个不满周岁的男孩，只需要51元就能购买10万元保额，也就是说，买50万元保额，只需要255元。一个40岁的中年男性，买50万元保额，也只需要925元，相信多数消费者都买得起。

遗憾的是，在我接触过的消费者中，很少有人会主动咨询一年期重疾险，当我提醒他们做一年期重疾险配置的时候，得到的回答却惊人的一致："这产品确实便宜，但我应该不会那么倒霉，刚买了保险还不到一年就得病吧？没必要花这笔钱"。不可否认，风险管理在我们没有真正理解它的时候，这就是一个人的本能反应，再正常不过。

不过，如果你具备一定的消费能力，但是为了图便宜，只购买一年期重疾险，也不够科学，因为一年期重疾险每年都需要续保，一旦产品停售，保险公司又没有提供无缝衔接的新产品，就需要重新投保其他产品，而随着年龄的增长，如果身体出现一些影响投保的状况，比如三高、结节等，就可能陷入被除外、加费承保甚至直接拒保的尴尬，而且等待期还要重新计算，如果在等待期内出险，就很冤枉了。所以，<u>长期重疾险和一年期重疾险组合购买，是更合理的方式</u>。

进入老年期后，一年期重疾险的保费会越来越贵，交费压力比较大，届时可以根据自己的实际情况，以及产品是否还在售等因素，来决定要不要续保。

总之，<u>家庭风险管理不是一劳永逸的，而是一个动态变化的过程</u>。

要品牌还是要性价比

读到这里，相信你已经明白了选择重疾险的基本逻辑，能够<u>跳出要"赔得到"的表面心理需求，认识到要"赔得够"的潜在实际需求</u>，也知道自己应该购买"不捆绑终身寿险的真重疾险"，但还有一个问题目前还不容易解决，就是市场上只有几家中小公司或成立时间不久的新公司会销售"不捆绑终身寿险的真重疾险"，消费者耳熟能详的大公司几乎不销售这种产品，如果非大公司不买，选项就非常少。

之所以存在这种现象，是因为这些大公司成立比较早，最先吃到了保险行业的人口红利，在粗放式发展的大环境下获得了快速发展，沉淀了一大批销售能力很强的业务团队，而公司培训从一开始就在包装"捆绑终身寿险的假重疾险"有多好，并在"听话照做"的洗脑模式下层层复制，当市场上出现"不捆绑终身寿险的真重疾险"时，还设计了专门的话术来应对，如今要从公司官方口径全盘否定，显然不可能，而新公司在这方面的顾虑相对少很多。

不过，因为之前销售"捆绑终身寿险的假重疾险"，几乎耗尽了客户的购买力，严重挤压存量客户再次开发的空间，面对越来越激烈的市场竞争，大公司虽然有品牌优势，但也有把重疾险保费降下来的需求，同时还不能打自己的脸。于是，个别大公司也开始尝试推出定期重疾（下表中的重疾险B），以身故返还保费的方式，保留"身故重疾都能赔"的产品包装点，同时借鉴少儿定期重疾险的创新服务，允许客户在年满55周岁以前直接投保届时在售的终身重疾（需满足的条件不止这一条，具体要以条款为准），强调"终身重疾才是王道，定期重疾只是权宜之计"，一方面培训宣导的时候能够自圆其说，另一方面跟公司原主销的"捆绑终身寿险的假重疾险"（下表中的重疾险A）相比，保费大幅降低，便于和新老客户沟通。

表3-8 大亨公司和草根公司产品的价格差异
（重疾、中症、轻症等疾病责任差异不大）

产品	保险金额（元）	保险期间	交费期间	年交保费（元）
大亨公司重疾险A（捆绑终身寿险的假重疾险）	50万	终身	20年	14450
大亨公司重疾险B（仅赔重疾，身故返还保费）	50万	至65周岁	20年	5530
草根公司重疾险（仅赔重疾）	50万	至70周岁	20年	3740
草根公司定期寿险	50万	至65周岁	20年	982

（注：均以30岁男性投保为例）

不过，与草根公司的重疾险相比，保费依然贵了很多，而且保险期间还短5年。如果消费者质疑价格太贵，大亨公司的业务员就会用"我们的重疾险身故返保费，草根公司的重疾险身故就什么都没有了"的话术来佐证"贵有贵的道理"。但我想告诉你的是，这款重疾险B可以看作定期寿险与附加提前给付重疾保险的组合，而草根公司身故赔50万元保额的定期寿险，保费才不到1000元，何况大亨公司这款重疾险B身故仅返还保费（最高110600元）。所以，有身故赔付并不足以让它的价格比草根公司重疾险贵出50%，价格差异主要在于公司所处的发展阶段、采用的定价策略不同。

保险产品定价时，需要考虑的因素有很多，这里只说两点：

第一，大公司经过近三十年的积累，早已完成了跑马圈地，市场占有率非常高，不需要靠低价抢份额，对利润的诉求更高，尤其是上市公司；

而新公司刚起步不久，没什么知名度，要在激烈的市场竞争中分一杯羹，靠低价获客是比较有效的手段之一。

第二，大公司机构铺设更多、更下沉，几乎全国布局，很多平时没听说过的地方，都会出现他们的身影，比如西溪、青铜峡、庄浪等县城，运营和服务成本都更高；而新公司架构比较轻，分支机构很少，主要通过互联网渠道来实现全国范围的销售，成本相对低一些。

总之，不管如何定价，都是正常的商业选择。作为消费者，如果觉得大公司的产品贵，选中小公司的，便宜的产品即可。当然，如果自己的预算很有限，但宁可把保额买低一点儿都要选择大公司的产品，也没问题，毕竟大公司的品牌效应更强，而且如果中小公司在消费者的常住地没有分支机构，安全感总归会差那么一点。<u>心理需求也是很重要的一种需求，只要真正明白了不同产品的底层逻辑，主动为此买单，而不是被诱导忽悠就可以</u>。只有更多的消费者认识到这一点，从需求端彻底切断"捆绑终身寿险的假重疾险"的生路，才能倒逼大公司开发"不捆绑终身寿险的真重疾险"，让看重品牌的消费者也能买到更高一些的保额，尽可能减少"赔不够"的遗憾。

"返还型重疾险"如何碰瓷养老

重疾险还有一种包装方式,叫作"返还型重疾险"。这种重疾险保障期间一般也是终身,但消费者可以在55岁以后的某个时点把交的保费拿回来,保障继续有效,所以也被称为"有病治病,无病养老"的重疾险。

表3-9 "返还型重疾险"与其他重疾险的保费差异

产品形态	保险金额（元）	保险期间	交费期间	年交保费（元）
"返还型重疾险"	50万	终身	20年	15200
捆绑终身寿险的假重疾险	50万	终身	20年	10610
不捆绑终身寿险的真重疾险	50万	终身	20年	6755

（注：以30岁男性,选择70岁返还保费为例）

业务员告诉王富贵,这款产品虽然贵一点儿,但可以返还保费,如果选择70岁返还,到时就可以把30万元本金全部拿回来用于养老;而且,重疾和身故保障继续有效,相当于只用利息就买到了50万元的终身保障,很划算!

此时的王富贵已经没那么容易被忽悠,立刻反应过来,如果自己在70岁之前身故,人已经没了,赔完后当然就不能再返还保费了;如果在70岁之前得了重疾，赔完后万一也不能再返还保费，每年都要多花这么多钱，其实就相当于在和保险公司赌自己70岁之前不出险，这不是跟购买"确定性"的初衷背道而驰吗？而且，重疾险本身根本就不包含身故和返还保险责任，肯定是跟某个险种的组合，我得仔细看看合同条款去——

王富贵一看条款，果然如此，这实际上是一款<u>两全保险与附加提前给付重大疾病保险的组合</u>，身故赔付和生存金返还的功能正是通过两全保险来实现的。

表3-10 "返还型重疾险"的本质形态一

投保险种	保额（元）	保险期间	交费期	首年保费（元）
一号两全保险	50万	终身	20年	3100
附加一号重大疾病保险（单次赔付）	50万	终身	20年	12100

（注：以30岁男性，选择70岁返还保费为例）

在附加一号重大疾病保险的条款中，有这样的表述：被保险人初次发生并经国务院卫生部门评审确定的属于二级（含）以上的医院专科医生明确诊断确定为本附加合同重大疾病列表内所界定的重大疾病（无论一种或多种）时，本附加合同和主合同效力终止，我们仅针对一种重大疾病按本附加合同的基本保险金额给付重大疾病保险金。所以，确实就像王富贵担心的那样，一旦70岁之前得了重疾，赔付后整个合同就会终止，保险公司不再返还保费，之后身故同样也不会再赔付。

还有些公司包装这类产品时，会把主险和附加险对调，把重疾险作为主险，两全保险作为附加险，条款描述上虽然有所区别，但本质上完全一样——

表3-11 "返还型重疾险"的本质形态二

投保险种	保额（元）	保险期间	交费期	首年保费（元）
二号重大疾病保险（多次赔付）	50万	终身	20年	13800
附加二号两全保险	50万	终身	20年	2800

（注：以30岁男性，选择70岁返还保费为例）

主险二号重疾险条款中有一条的表述是："若我们已按照上述约定给付首次重大疾病保险金，则本合同所附的附加险合同终止"，也就是说，客户一旦在70岁之前得了重疾，赔付后主险重疾险的合同继续有效，只要符合约定，之后再患重疾，还可以继续赔付，但附加二号两全保险的合同此时就终止了，保险公司也不会再承担返还保费和身故赔付的责任。

通常情况下，只要是这类产品，条款里都会有类似的描述，<u>如果王富贵买这种所谓"有病治病，无病养老"的重疾险，保费更贵，却不一定能把这些钱拿回来</u>。这也是我不建议买这类产品的主要原因。至于70岁只能拿回本金，一分钱利息都没有，不可能跑得过通货膨胀，其实不应该过于诟病，因为它起码能保证王富贵"出走半生，归来仍是30万元"。即使这30万元的购买力届时只剩下一半，15万元依然能在大事上发挥作用；而如果王富贵把这30万元用作其他投资，谁也不能保证他70岁时不会亏得底儿掉。

因此，被通货膨胀侵蚀掉的购买力，相当于一种无形的消费，买到的是另一种"确定性"——只要王富贵健康活到70岁，即使市场环境差到自己和保险公司的投资都亏得一塌糊涂，他也一定能从保险公司拿到这30万元。

当然，也有极个别产品，首次重疾赔付以后，只要能坚持活到约定日期，也可以获得返还，只不过保费更贵。

总之，天下没有免费的午餐，每项保险责任都有对应的成本。买保险是消费行为，不要陷入"要返还""比收益"的误区，被花里胡哨的产品包装蒙蔽了双眼。

无须过度关注轻症和中症

关于重疾险，还要提醒的是，虽然轻症和中症保障都有用，但没必要买特别高的保额，因为和重疾相比，轻症和中症造成的损失要小得多，而且发生率也低得多（依然以2020版重疾发生率表为依据，3种高发轻症的发生率，40岁男性仅为0.09%，30岁男性仅为0.05%，中症是近年来新增的保险责任，理赔案例太少，还没有形成经验数据），目前市场上的重疾险，轻症的赔付比例一般是保额的 20%—30%，中症的赔付比例一般是保额的 50%—60%，都是有成本的。

表3-12　不捆绑终身寿险的真重疾险，消费者可以自由选择是否包含轻症、中症责任

投保险种	重疾保额（元）	中症保额（元）（60%）	轻症保额（元）（30%）	保险期间	交费期	首年保费（元）
东霓重大疾病保险（仅赔重疾）	50万	——	——	终身	20年	5835
东霓重大疾病保险（含轻症、中症）	50万	30万	15万	终身	20年	8815

可以看到，如果选择包含轻症、中症责任，每年保费要贵2980元，对于很多家庭来说也不算是小钱，这就需要消费者自己来评估，<u>为了一个造成损失和发生概率都相对较小的风险，是否值得付出这么多成本</u>。我个人的建议是，如果预算有限，含轻症、中症的重疾险最高买 30 万元保额（以上表产品为例，中症可以赔 18 万元，轻症可以赔 9 万元）就够了，剩下的预算用来购买只保重疾的产品，进一步提升重疾保额。

遗憾的是，目前市场上单纯的、只保重疾的，或者可以自由选择是否添加轻症、中症的重疾险寥寥无几，大多数公司都是在重疾险上不断做加法，从最初的只保 7 种重疾到现在的保上百种重疾（各家公司重疾保险条款中前 28 种重疾的赔付标准完全一致，这是监管统一规定的，并且 95% 以上甚至更高比例的理赔都在这 28 种重疾中，并不是保障病种越多产品

越好），再从只有重疾保障责任到后来的涵盖轻症，再到现在的涵盖中症等，一直在往包装产品"保障全"上使劲，却很少慢下来思考风险管理和保险的本质到底是什么。

我还曾经听过一个"百万保额重疾营销"的课程，讲师讲到一个产品卖点：买100万元保额重疾，轻症按照30%的比例，就可以赔30万，但很多轻症治疗费用也就几万元，消费者得了轻症的话，相当于不但不用花钱，还能赚钱！

简直是无稽之谈！

另外，为了彰显重疾险的重要性，重疾险的销售培训课上曾经有一个"金句"，至今还有很多人在引用："我相信，一个人的一生中一定会得重大疾病，如果没有得，那是因为别的原因先离开了，还没有机会得。"

这就是一个逻辑陷阱，因为按照这个逻辑，换一个说法同样成立：我相信，一个人的一生中一定会在吃饭的时候不小心噎死，如果没被噎死，那是因为别的原因先离开了，还没有机会被噎死。

见微知著，可以想象这个行业在"保险是大爱"的口号下，有多少混淆视听的声音在肆意横行。作为消费者，如果自己不懂点儿保险知识，怎么能放心把挑产品的重任随便交给一个业务员呢？

第四章
意外险和医疗险的包装套路

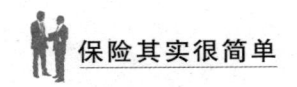

"百万身价"类产品的真相

有些意外险和医疗险,也会通过两全保险的返还功能来包装,比如:消费者耳熟能详的"百万身价"(也有"百万身驾""百万随行""百万驾乘"等叫法,总之都是"百万"开头)。这类产品一般主打100万元交通意外保障,保费一两千元,保险期间20年或30年,满期后保费全额返还,或多返5%—20%(返还比例越高,保费越贵)。这些卖点组合在一起,就变成了一份"低保费,高保额,满期保费还能连本带利返还,相当于不花钱的意外险"。

表4-1 "百万身价"类产品的本质形态

产品	保额(元)	保险期间	交费期	首年保费(元)
百万两全保险	10万	30年	10年	1512
	10万	20年	10年	2134

(注:以30岁男性为例)

为什么保额明明是10万元,却叫"百万身价"呢?因为根据这款产品的条款描述,凡是交通意外(水陆公共交通意外、自驾车意外、租赁车和网约车意外、航空意外)导致的身故或全残,都可以赔付10倍保额,就是 100 万元。条款中还约定，保险合同满期时如果被保险人仍然生存，返还总保费的 105%，也就是说，如果选择的保险期间是 30 年，平安满期后可以拿回 1512×10×105%=15876 元。不过，如果是一般意外身故或全残，比如某消费者本来在路上走得好好的，却被一块从天而降的广告牌砸中，当场死亡，就只能赔到保额 10 万元，而如果是疾病导致的身故或全残，就只能按照已交保费 × 身故时对应的比例来赔付。

表4–2　监管规定的最低身故赔付比例

到达年龄	最低比例
18—40周岁	160%
41—60周岁	140%
61周岁及以上	120%

也就是说，如果王富贵只交了一年保费就不幸因病身故，年龄在 18—40 周岁这个区间，获得的赔付就只有 1512×160%=2419.2 元。显然，这点赔付几乎没有意义。

看到这里，你可能会觉得有些奇怪，疾病身故也直接按 10 万元保额来赔不就好了，搞得这么复杂，业务员讲起来麻烦，消费者理解起来也费劲，何必呢？其实原因很简单，这类产品的定位是敲门砖，价格不能太贵，如果疾病身故直接赔 10 万元，保费差不多就得超过 2000 元，消费者掏钱的时候可能就会考虑再三，不一定会爽快地做决定，毕竟四位数的开销，一千多元和两千多元给消费者的感受完全不同。

而且，只要业务员在推荐产品的时候加上一句"您看，我们这款产品这么好，保20年的话原本一年要2000多元，但为了回馈客户，现在保30年只要1512元，相当于多保了10年，保费还便宜了，这个机会您可不能错过"，消费者就更容易买单。所以，2134元的选项多数时间只是一个"价格锚点"，目的是让消费者觉得这1512元花得特别值。

事实上，虽然一般情况下保险时间越长，保费越贵，但这类两全保险却是"二般"情况，保30年本来就比保20年便宜，跟"回馈客户"毫无关系。这是因为，意外身故的发生概率非常低，疾病身故的发生概率虽然比意外身故要高一点，但赔付金额很少，所以保险公司承保的客户越多，越能把风险成本分摊得更低。保20年和保30年的保费差距微乎其微，但满期的时候，保险公司必须把保费还给客户，保险期间越长，意味着保险公司支付这笔满期金的时间越晚，越有充足的时间和空间去运用这笔资金。资金成本对这类产品的保费影响更大，所以保险时间越长，保费反而越便宜。

总之，跟"捆绑终身寿险的假重疾险"一样，"百万身价"其实也是个假意外险，只不过在设计产品的时候，把附加意外伤害保险的责任直接融入在两全保险的条款中，使消费者看上去是一个产品；然后再用1000多元的保费和100万元的交通意外伤害保额，形成近1000倍的"比例偏见"，在消费者心中种下巨大的价值感，最后用"满期连本带利返还"来迎合消费者的储蓄偏好，进一步促使消费者作出最终的购买决定。

从销售角度来说，这类产品的包装很成功，销量也很不错，但这恰恰说明消费者的不成熟，因为如果你的重点是意外保障，单独购买一份纯粹的意外伤害保险，比购买"百万身价"保障更全面。

以东莞保险公司的一年期意外伤害保险为例，消费者只要发生意外身故或全残，就可以赔付100万元，不用区分一般意外还是公共交通意外。而且，它是一款真正的意外险，还可以根据伤残等级按比例赔付，比如被保险人因车祸导致单目失明，根据《人身保险伤残评定标准（行业标准）》的划分，属于7级伤残，可以赔30%的保额，也就是30万元（未来如果再发生意外身故，赔付剩下的70万元），但"百万身价"一分钱都赔不到，因为"百万身价"只赔身故和全残（1级伤残），而涉及单目失明的全残标准在"百万身价"条款中的定义是"单目永久完全失明及一上肢腕关节以上缺失"和"单目永久完全失明及一下肢踝关节以上缺失"，也就是说，除了单目失明外，还必须缺条胳膊或断条腿才能赔付。

显然，这款一年期意外伤害保险更符合意外保障的本质，而且附加上50万元的猝死保障、5万元的意外医疗报销、150元/天的意外住院津贴后，每年的保费也只有298元，跟前文案例中的"百万身价"相比，不仅意外保障更全面，还便宜1214元。而节省下来的这笔钱，完全可以给一个不满1周岁的宝宝购买一个100万元保额、保险期间30年的重疾险了

（见前文），对于收入不高的家庭来说，是非常有帮助的。

而且，由于意外伤害保险保障的是突发的、外来的、非本意的意外伤害，跟个人健康状况关系不大，所以不同于一年期重疾险，它的保费不会随着年龄增长，一般也不需要担心停售后买不到其他产品，30年保费共计8940元，比"百万身价"便宜一半。虽然"百万身价"满期后可以返还保费，但每年保费基数太小，满期一共只能返还15876元，而且同样不可能跑得过通货膨胀，意义并不大，还不如现在就花掉。

"返本型医疗险"的真相

"返本型医疗险"也是同样的套路，只不过是把两全保险与附加意外伤害保险的组合换成了两全保险与附加医疗保险的组合，比如：这款被包装成"市场首款千万级返本型"的防癌医疗险。

表4-3 "返本型医疗险"产品的本质形态

投保险种	保额（元）	保险期间	交费期	首年保费（元）
两全保险	52155	30年	30年	1139
附加恶性肿瘤医疗保险（费率可调）	400万	30年	30年	159

（注：以30岁男性为例）

之所以叫"千万级"，是因为这款医疗保险在保险期间，每年最高可以报销400万元的癌症医疗费用，30年中最高累计可以报销1000万元。比如王富贵每年报销100万元的医疗费用，连续报销了10年，合同就终止了。虽然从目前来看，现实生活中癌症病人不太可能花这么多医疗费，但随着医疗技术的进步，说不定以后真的可以用钱买命，所以我个人倒不认为"千万级"是一个纯粹的噱头。至于这类产品的具体保险责任和需要注意的细节，我们在后面的章节中再详细分析。

"返本"同样要用到两全保险的返还功能，根据条款中的表述：30年满期时，如果王富贵人好好的，保险公司会按照保额52155元来给付满期保险金，而这个保额正好就是他30年一共交纳的总保费，这是通过精算技术算好的，不管几岁投保，保额都等于总保费。不过，身故赔付也是按照已交保费 × 身故时对应的比例，跟保额没什么关系，这点赔付同样几乎没有任何意义。

这时候，细心的你也许发现了，首年的保费总和是1298元，30年一共应该只有1298×30=39840元，并不等于52155元。为什么呢？这是因为虽然作为主险的两全保险的保费在这30年中没有发生变化，每年都是1139元，但附加恶性肿瘤医疗保险的保费每年都在增长，只不过这里没有把完整的费率表展示出来。

跟买意外险同样的道理，如果你的重点是癌症保障，也可以单独购买一份恶性肿瘤医疗险。当然，业务员不会甘心，他（她）会告诉你：我们的恶性肿瘤医疗险最长可以保障30年,而且没有免赔额,这是其他产品做不到的。但事实上,<u>市场上早就可以购买到可以单独投保的、终身保证续保的恶性肿瘤医疗险了</u>,比30年的保险期间还要长,保险责任都差不多,同样没有免赔额,最高累计报销也可以达到1000万元。所以,两全保险根本不是必选项。

综上所述,现在市场上多数所谓"返还型"意外险和医疗险中隐藏着的两全保险,对于消费者来说意义不大。虽然每年多花1000多元钱看上去无伤大雅,但像我老家这样的四线小城市,多数消费者一个月也只能挣3000多元,就不建议为了返还而买这种产品,只要购买一年期的意外险和医疗险足矣。

其实,购买保险和购买其他商品是一样的,如果手头紧,就需要精打细算,尽量把每一分钱都花在刀刃上;如果不差钱,只要切实满足了保障需求,多花少花可以全凭自己心情。

被冤枉了的两全保险

从销售端来说,这样的两全保险有效利用了消费者看重"返本"的心理,在降低销售难度的同时,还能让他们多付一点保费,增加保险公司的利润和业务员的收入,所以,有些科普保险的自媒体经常会痛斥两全保险是一个大坑。我认为这个观点站在了消费者的角度,出发点是好的,但也失之偏颇,因为两全保险本身是有价值的,只是被人为地设计成了这个样子,<u>保险本身不会套路人,只有人才会套路人</u>。

我们来看一款没有经过包装的、独立的两全保险(为了便于理解,与前文举例的一款定期寿险比较来看):

表4–4 两全保险和定期寿险的比较

投保险种	保额(元)	保险期间	交费期	首年保费(元)
两全保险	150万	30年	20年	10620
定期寿险	150万	30年	20年	2940

(注:以30岁男性为例)

这款两全保险的保险责任是:保险期间内身故或全残赔付保额(150万),平安满期返还1.5倍保费($10620 \times 20 \times 1.5 = 318600$ 元)。这款产品之所以比定期寿险贵得多,是因为王富贵只有30岁,在30年当中身故的概率远小于平安活到满期的概率,所以如果他购买了定期寿险,保险公司虽然要做好随时赔付150万元的准备,但大概率不需要支出这笔钱;而如果购买两全保险,保险公司除了要随时准备赔付150万元外,还要做好另外一个准备,即满期后即使公司亏得一塌糊涂,也必须要把保费还给王富贵,再加上50%利息。而且,这笔支出还是一个大概率事件,对于保险公司来说，成本高很多。而对于王富贵来说，如果他极度厌恶风险，对自己的投资能力没有信心，购买这款两全保险就是不错的选择，原因有二：一方面150万元的身故保障比较充足，一旦出险，家人基本经济生活能够得到保障；另一方面，如果平安满期，可以确保50%的收益，折算年化单利2.44%〔年化单利计算方法：（满期总利益－总保费）/年交保费/每笔保费经过的年度总和，即（318600－212400）/10620/（30+29+…+11）〕，虽然不太高，但风险和收益成正比，这笔满期金是零风险的，已经不能要求更多了。

如果再把保障功能弱化一点，还可以进一步提升两全保险的收益，比如王富贵买这款产品：

表4–5　侧重满期收益的两全保险产品形态

投保险种	保额（元）	保险期间	交费期	首年保费（元）
收益型两全保险	1万	30年	10年	7810

（注：以30岁男性为例）

这款产品满期后，除了返还全部保费外，还会额外给付10倍保额，即10万元，相当于王富贵10年间陆陆续续在保险公司一共存了7.81万元，30年满期后可以拿到10万元的利息，折算成年化单利，可以达到5.02%。收益提升的原因就在于，身故或全残按照已交保费×160%来赔付。比如王富贵交费期满之后出险，保险公司只要赔付7810×10×160%=124960元，跟前一款身故赔付 150 万元的产品相比，保障成本低很多。

在目前的利率趋势下，年化单利 5.02% 已经相当可观，但这款产品多年前就已停售，这里只是举例说明两全保险的设计逻辑，大家就不用浪费时间去打听这是哪款产品了。

第五章
买保险既是消费，也能"储蓄"

现金价值：消费者"存"在保险公司的钱

所有的保险产品都有一个逻辑，即产品的保障功能强，"储蓄功能"就会弱一些，这种产品一般被称为"保障型保险"，比如：重疾险、医疗险、定期寿险等；而保障功能弱的产品，"储蓄功能"就会强一些，这种产品一般被称为"理财型保险"，比如：年金保险、增额终身寿险等。需要指出的是，"保障型保险"和"理财型保险"不是学术上的分类，而是实务中为了便于消费者理解的"民间定义"。

也许你感到有点儿糊涂：不是一直在强调购买保险是消费行为吗？怎么又有"储蓄功能"了？

要搞清楚这个问题，要先从保险产品的两种定价方式说起——<u>自然费率和均衡费率</u>。

还是以重疾险为例。众所周知，随着年龄的增长，我们的身体机能会逐步下降，患重疾的可能性会越来越大，所以从理论上来说，消费者每年或每个年龄段要交的保费就应该是自然增长的，这种定价方式就叫自然费率。一年期保险产品通常都以自然费率来定价，比如前文讲过的一年期重疾险。

对于保险公司来说，虽然年轻消费者重疾理赔的概率很低，但保费太便宜，不容易聚集资金，效率不高，所以保险公司会希望年轻的消费者能多交一点儿保费，扩大自己的资金规模，以便获得更多的投资收益；而对于年轻消费者来说，只购买一年期重疾险，虽然很便宜，但保障存在不确定性（前文已有分析），所以也愿意多交一点儿保费，换取长期、确定性更强的保障；并且，此时他们处在人生的上坡路，也有能力支付这笔费用。

于是，保险公司就发明了"均衡费率"，运用精算技术，结合利率、发生率等因素，把消费者需要交的总保费均摊到一个固定的交费期间（比如 20 年），让消费者在年轻的时候多交一点儿保费，<u>并把这些保费存放在保险公司，形成传说中的"现金价值"，再让现金价值按照固定的利率（也就是我们听说过的"预定利率"）</u>计息，长期积攒出一笔钱，20 年后，再用这笔钱来支付原本在自然费率下应该持续交纳的保费，消费者就不用再自己出钱了。

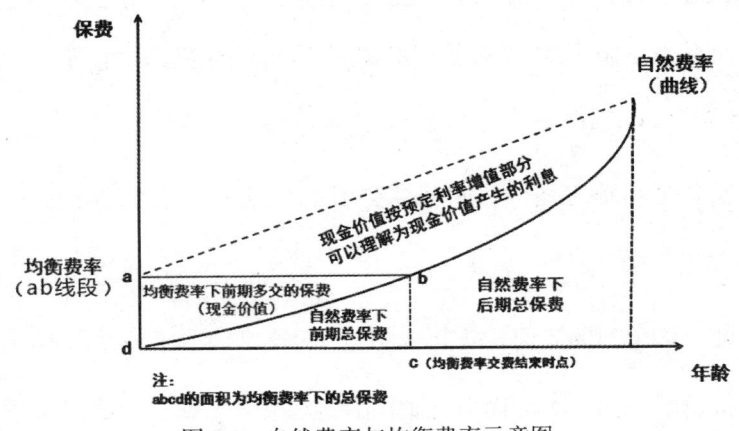

图5-1　自然费率与均衡费率示意图

现金价值的计算逻辑

仅看图5-1，也许还是不太直观，下面我们将前文讲到的一年期重疾险（自然费率定价）和一款保终身的重疾险（均衡费率定价）进行对比，来加以说明。

这两款重疾险都只赔一次重疾，保障的病种差不多，保险责任也基本一致，可比性相对比较强：

表5-1 均衡费率定价的重疾险首年的现金价值

保单年度	年龄	自然费率下年交保费（元）	均衡费率下年交保费（元）	均衡费率下累计总保费（元）	均衡费率下保单年度末现金价值（元）
1	30	75	1247	1247	92

在自然费率下，30岁的王富贵购买10万元保额的重疾险，原本只需要交75元，但在均衡费率下，就需要交1247元。

王富贵觉得很奇怪，我明明多交了1172元，为什么存在保险公司的现金价值只有92元呢？

在回答这个问题之前，要先说明一点：<u>长期保险产品和一年期保险产品的定价逻辑不同，不能简单地把两者的保费相减来计算</u>，这里之所以将二者放在一起进行比较，只是为了用数字对比来直观地说明：在均衡费率下，消费者要在年轻的时候多交钱。至于具体的计算方法，要用到保险精算，涉及很多高等数学的知识，消费者没必要给自己增加这么大难度，只要了解现金价值的基本逻辑即可。

首年现金价值之所以很低，主要是因为一张保单首年的成本最高。

为了便于理解，我们姑且把保单的成本分为"保障成本"和"费用成本"两部分。

"保障成本"是指，保险公司为了应对可能发生的理赔而产生的成本，虽然年轻消费者得重疾的概率很低，保单首年还有等待期，此时"保障成本"是最低的，但为了获得这张保单，保险公司在保单首年需要付出大量的"费用成本"，比如给业务员的佣金和奖励方案都是最高的，仅这两项可能就要占到首年保费的一半以上，再加上广告宣传、保单制作等，这样算下来，保单首年的现金价值就剩不下多少了。

从第二年开始，随着消费者越来越稳定地交纳续期保费，"费用成本"也会逐步降低，直至几乎为0，"保障成本"则会随着年龄逐步增长，但在年轻时期增长的幅度很小（可以以自然费率下年交保费为参照，但不能完全等同），使得总成本在减少，而每年交纳的保费是一样的，还会按照预定利率计息，所以现金价值会积累得越来越多，20年交费期满后，现金价值就已经超过总保费的80%（如下表）。

表5-2 均衡费率定价的重疾险第2—20年的现金价值

保单年度	年龄	自然费率下年交保费（元）	均衡费率下年交保费（元）	均衡费率下累计总保费（元）	均衡费率下保单年度末现金价值（元）
2	31	110	1247	2494	199
3	32	110	1247	3741	349
4	33	110	1247	4988	1049
5	34	110	1247	6235	1797
6	35	110	1247	7482	2594
7	36	185	1247	8729	3442
8	37	185	1247	9976	4344
9	38	185	1247	11223	5302
10	39	185	1247	12470	6319
11	40	185	1247	13717	7397
12	41	336	1247	14964	8539
13	42	336	1247	16211	9748
14	43	336	1247	17458	11027
15	44	336	1247	18705	12378
16	45	336	1247	19952	13805
17	46	608	1247	21199	15310
18	47	608	1247	22446	16898
19	48	608	1247	23693	18572
20	49	608	1247	24940	20336

交费期满后，消费者不用再交钱，每年的"保障成本"和"费用成本"就会从现金价值中扣除。由于现金价值每年会以固定的利率增长，在"保障成本"大幅增加之前，现金价值每年产生的利息就足以支付，所以一直到第50个保单年度，现金价值都在增长，并且早在第27个保单年度

就已经超过了总保费。

表5-3 均衡费率定价的重疾险第20年以后的现金价值

保单年度	年龄	自然费率下年交保费（元）	均衡费率下年交保费（元）	均衡费率下累计总保费（元）	均衡费率下保单年度末现金价值（元）
21	50	608	0	24940	21069
22	51	1035	0	24940	21809
23	52	1035	0	24940	22554
24	53	1035	0	24940	23300
25	54	1035	0	24940	24045
26	55	1035	0	24940	24785
27	56	1635	0	24940	25517
28	57	1635	0	24940	26239
29	58	1635	0	24940	26946
30	59	1635	0	24940	27637
31	60	1635	0	24940	28309
32	61	2220	0	24940	28961
33	62	2220	0	24940	29590
34	63	2220	0	24940	30194
35	64	2220	0	24940	30772
36	65	2220	0	24940	31322
37	66	3210	0	24940	31830
38	67	3210	0	24940	32292
39	68	3210	0	24940	32707
40	69	3210	0	24940	33071
41	70	3210	0	24940	33383
42	71	4555	0	24940	33657
43	72	4555	0	24940	33894

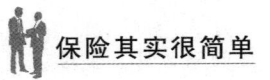

续表

保单年度	年龄	自然费率下年交保费（元）	均衡费率下年交保费（元）	均衡费率下累计总保费（元）	均衡费率下保单年度末现金价值（元）
44	73	4555	0	24940	34094
45	74	4555	0	24940	34258
46	75	4555	0	24940	34391
47	76	5980	0	24940	34493
48	77	5980	0	24940	34565
49	78	5980	0	24940	34607
50	79	5980	0	24940	34625
51	80	5980	0	24940	34598
52	81	7790	0	24940	34537
53	82	7790	0	24940	34443
54	83	7790	0	24940	34315
55	84	7790	0	24940	34153
56	85	7790	0	24940	33957
57	86	11530	0	24940	33725
58	87	11530	0	24940	33456
59	88	11530	0	24940	33149
60	89	11530	0	24940	32806
61	90	11530	0	24940	32427
62	91	15385	0	24940	32016
63	92	15385	0	24940	31574
64	93	15385	0	24940	31109
65	94	15385	0	24940	30623
66	95	15385	0	24940	30121
67	96	18705	0	24940	29606
68	97	18705	0	24940	29076

续表

保单年度	年龄	自然费率下年交保费（元）	均衡费率下年交保费（元）	均衡费率下累计总保费（元）	均衡费率下保单年度末现金价值（元）
69	98	18705	0	24940	28524
70	99	18705	0	24940	27933
71	100	18705	0	24940	27255
72	101	23435	0	24940	26380
73	102	23435	0	24940	25021
74	103	23435	0	24940	22411
75	104	23435	0	24940	16361
76	105	23435	0	24940	0

从第 51 个保单年度开始，"保障成本"越来越高，仅靠现金价值的利息已经不足以支付，同时也没有保费再交进来，现金价值得不到补充，就会"坐吃山空"，直至为 0。

所以，只要是以"均衡费率"定价的长期保险产品，就一定具备"储蓄功能"。这个"储蓄功能"是通过现金价值来体现的，跟能否获得赔付或返还没有一点儿关系，自然也就不存在"消费型保险"和"储蓄型保险"的分类。

另外，以均衡费率定价的长期重疾险保险责任比较全面，比如包含轻症、中症赔付，特定疾病额外赔付、癌症二次赔付等，保障成本会高得多，在整个保险期间内现金价值可能都无法超过保费，但这不能抹杀它的"储蓄功能"。如果不了解保险产品定价逻辑，这一点就不容易看到。

总结一下，现金价值的计算逻辑，可以参考以下公式：

现金价值 =[保费 – 保障成本（风险保费）– 费用成本（佣金 + 销售费用 + 管理费用等）]×（1+ 预定利率）^{n}

注：n 为经过的保单年度

这个公式不完全严谨，仅为了便于理解。另外，这个公式更适用于"理财型保险"，"保障型保险"在此基础上，还需要考虑未来保险责任和未来保费贴现值的问题，更复杂一些，这里不再展开，但大体逻辑是一致的。作为消费者，只需要理解现金价值相当于自己存在保险公司的钱即可。

其实退保并没有经济损失

读懂了上面的内容，相信你也明白为什么退保可以拿回现金价值了——这本来就是消费者存在保险公司的钱，退保时保险公司当然应该把这笔钱退还给人家。不过，需要注意的是，现金价值只能退给投保人，同时也只有投保人才有权决定是否退保，因为交钱的是投保人，保险公司只认这一点，至于投保人的家庭是否有财产纠纷，保费来源是不是夫妻共同财产等，保险公司管不着，钱退回去以后你们自己处理。

只不过，退回来的现金价值不一定会超过保费（本金），所以消费者经常会觉得提前退保有损失，尤其是如果第二年退保，交了1247元，只能退回92元，损失感会更强烈，从而忽略了退保的本质其实是消费者决定提前终止保险公司的服务，但在终止之前，保险公司一直都在提供服务，也付出了相应的成本，所以消费者当然应该付钱，这就是正常的消费，不存在损失的问题。好比王富贵雇了个保镖，本来说好雇一辈子，保镖自己配齐了装备，寸步不离保护了他一年，结果王富贵发现什么危险也没发生，觉得雇保镖有点儿多此一举，打算辞退保镖，但即使辞退，也不能不给人家结这一年的工钱。

其实，即使购买了"不捆绑终身寿险的真重疾险"，被保险人身故，也不是一分钱都拿不回来，因为在这种情况下，保险合同虽然会终止，但终止的原因不是"发生理赔"，而是被保险人已经没有了，所以可以理解为保险合同"因保险标的灭失而终止"，这不会影响现金价值的积累，保险公司应该退还现金价值，无非是现金价值积累多少的问题。

返还的时候，分两种情况：

第一种情况是投保人和被保险人不是同一人，比如：梅如花给王富贵投保，王富贵身故后，梅如花可以通过退保的方式拿回现金价值。虽然从理论上来说，此时保险合同已经因保险标的灭失而终止，退保的前提是不成立的，但如果按照"保险标的灭失而终止"来退还现金价值，一方面梅如花需要提供王富贵的死亡证明等一大堆材料，手续相对烦琐；另一方面，保险公司为此专门开发一个系统功能的性价比太低，反正都要退还现金价值，退保还是投保人的权利，让梅如花直接退保效率反而更高，就没有必要较真了。

第二种情况是投保人和被保险人是同一人，比如：王富贵给自己投保后身故，现金价值应该退还给投保人，而投保人又是王富贵自己，此时现金价值应该被认定为王富贵的遗产，根据《中华人民共和国民法典》的相关规定执行。

第六章
年金保险与万能保险的包装套路

保险其实很简单

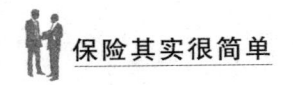

"返还时间早""返还比例高"不一定是好事

简单回顾一下现金价值，它可以理解为在"均衡费率"定价下，消费者每年交纳的保费扣除"保障成本"和"费用成本"后，存在保险公司的钱。类似我们发了工资，扣除日常花销后，把剩余的钱存在银行。

同样，<u>消费者从保险公司"取钱"时，取的也是存在保险公司的现金价值</u>。正所谓"羊毛出在羊身上"，这笔钱可不是凭空出现的。因此，当你看到"返还时间早""返还比例高"等产品宣传时，一定要冷静一点儿，<u>因为返还时间越早、返还金额越高，越会过早、过快地透支现金价值，长期来看反而拿不到多少钱</u>。

业务员又向王富贵推荐了一款年金保险，一次性交费10万元，从第5年到第9年，每年返还保费的20%（所谓"返还时间早""返还比例高"），从第10年开始每年返还基本保额的10%，直到王富贵离开这个世界为止。

王富贵掐指一算，从第5年到第9年每年返保费的20%，不就相当于第9年已经把本金全都还给我了，然后从第10年开始，每年都能从保险公司白领利息领到死吗？这可比存银行划算多了。

但王富贵看了具体的利益演示后,发现自己有些异想天开了。因为这款产品的基本保额只有6000元,也就是说,他把10万元放在保险公司,从第5年到第9年每年返2万元,正好把本金拿回来,但一分利息都没有,从第10年开始每年也只能领到600元(基本保额的10%)。简单算一笔账,假设目前2.75%的5年定期存款利率不变,把这10万元在银行存5年,到期后连本带息再转存5年,10年后王富贵可以拿到29390元利息,按照保险公司一年返600元计算,将近50年才能返这么多,而如果在第10年直接退保,拿回来的生存金(600)+现金价值(15347)也只相当于15947元的利息,就算未来利率继续降低,这点收益大概率也还是远不如存银行。

"这不是拿我当傻子忽悠吗?"王富贵差点儿想骂街了。

表6-1 返还时间早、返还比例高的年金保险利益演示

保单年度	生存金(元)	现金价值(元)
1	0	82795
2	0	87339
3	0	92135
4	0	97198
5	20000	82542
6	20000	67080
7	20000	50768
8	20000	33558
9	20000	15403
10	600	15347

续表

保单年度	生存金（元）	现金价值（元）
11	600	15290
……	……	……
74	600	1149
75	600	584

可以很明显地看到从第5年到第9年，由于每年要返还2万元，现金价值会快速下降。

也许你会觉得，钱是有时间价值的，保险公司第5年就开始返钱了，王富贵可以拿这笔钱再投资，好像也不能这么简单直接地和定期存款比较吧？这当然没错，但任何投资都是有风险的，王富贵没办法保证到第10年获得的收益一定比存在银行的利息多；而且买这款年金保险的话，前5年一分钱都拿不到，如果王富贵原本就打算做其他投资，为什么还要把这笔钱放在保险公司闲置5年时间呢？

"年金+万能"真的能二次增值吗

如果这种产品直接拿来销售，简直是在侮辱消费者的智商，于是就出现了"万能账户"，消费者可以将返还回来的年金转进这个"万能账户"，每年按照5%复利结算利息，直至终身。

这样一来，吸引力大幅提升。因为从 2015 年 10 月至今，银行一年期定期存款基准利率只有 1.5%，五年期定期存款基准利率也只有 2.75%，而且都是以单利计息的，相比之下，将年金转入到"万能账户"后，按照 5% 利率复利演示出来的长期利益要好看得多：到第 15 年的时候，"万能账户"里的钱可以达到 151654 元，折合年化单利 3.44%；第 20 年的时候，可以达到 196869 元，折合年化单利 4.8%……时间越久，银行定期存款的利息就越不够看，即使前 5 年一分钱不给，也能变得理直气壮——我以后会给你那么多利息，你的钱放在我这儿，让我白用五年怎么了？

你应该看出来了，对于消费者来说，"返还时间早""返还比例高"的这种年金产品（所谓"快速返本年金"）本身没有任何意义，之所以要如此设计，是为了尽可能更早地把消费者交的保费全都转进"万能账户"，这样"万能账户"计息的起始金额（或者说计息的本金）才更高，利益演示表上的数字才更好看，才更容易吸引消费者。

近年来，保险行业开门红期间部分公司主打的产品，其实就是这个逻辑，只不过把年金保险的保险期间缩得更短，最短的甚至只有 8 年，但无论怎么折腾，这种"快速返本年金"本身的收益还不如定期存款的情况是不可能改变的，主要靠"万能账户"的加持，而"万能账户"的保险期间依然是终身，确保转进来的年金可以一直在账户中计息，对消费者更有吸引力。

表6-2　某快速返本年金+万能的产品组合形态

投保险种	保险期间	交费期
年金保险	8年	3年
终身寿险（万能型）	终身	1年

这类"年金+万能"的产品组合往往以"快速返本，二次增值"来包装，"快速返本"是为了"二次增值"，潜台词就是"见钱快，收益高"，迎合了消费者常见的投资心理（下图是某公司产品培训的其中一页PPT，你可以感受一下）。但实际上，"快速返本"勉强说得过去，"二次增值"却是一个不折不扣的伪命题。

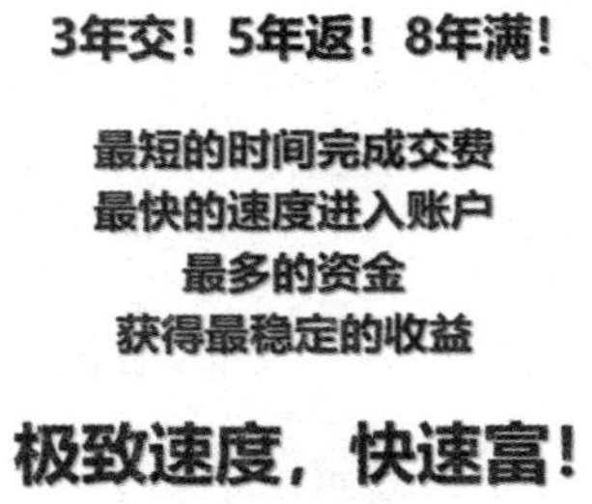

3年交！5年返！8年满！

最短的时间完成交费
最快的速度进入账户
最多的资金
获得最稳定的收益

极致速度，快速富！

图6-1　某快速返本年金+万能产品组合的包装

前文讲过，消费者从保险公司取到的钱，也就是这里的年金，实际上是从现金价值中拿出来的，如果还没有到领取年金的时间，现金价值也会按照一个固定的利率（预定利率）计算利息，也在增值。换句话说，为了"快速返本"而领取出来的年金进入"万能账户"，相当于你把从存在火星银行里的10万元提前拿出来2万元，转存进水星银行，即使水星银行的利息更高,这2万元也只是左兜换右兜,钱虽然在增值,但绝不是一笔钱算两份利息,也就根本谈不上"二次增值"。

"快速返本年金+万能"的收益不一定更高

而且,"快速返本年金+万能"的长期收益也不一定更高,下表是一款60岁才开始返还的养老年金保险,用它的现金价值和表6-2中"快速返本年金+万能"的账户价值对比来看更加直观:

表6-3 快速返本年金+万能(假设万能5%利率)与养老年金的对比

保单年度	年龄	年金转入万能账户后的账户价值 (元) (结算利率5%)	养老年金现金价值 (元)
1	31	0	40750
2	32	0	42871
3	33	0	45312
4	34	0	47782
5	35	19800	50387
6	36	40777	66484
7	37	62788	83255
8	38	85885	100704
9	39	110122	118826
10	40	116348	137612
15	45	151654	163440

续表

保单年度	年龄	年金转入万能账户后的账户价值（元）（结算利率5%）	养老年金现金价值（元）
20	50	196869	194115
30	60	328226	273818

我们可以很清楚地看到，如果"万能账户"一直按5%的利率给客户结算，里面的钱确实远超养老年金的现金价值，这样看来，好像即使不是"二次增值"，也该买"快速返本年金+万能账户"这种产品组合。

但是，"万能账户"5%的结算利率不是固定的，未来可能更高，也可能更低，只不过合同中会规定一个"保证利率"。目前，市场上的产品"保证利率"在1.75%—3%不等，即使"万能账户"的结算利率未来会下降，也不能低于这个"保证利率"；而且，保险公司每个月都会在官网上公布"万能账户"的结算利率，消费者可以自己查询。

如果你被推销过这类产品，一定听到过"公开透明、上不封顶、下有保底"的说辞。这里倒不存在夸大，都有条款依据，但就目前的市场环境和未来的趋势来看，"万能账户"的结算利率大概率也会逐步走低，逐步趋近甚至直接按照"保证利率"来给消费者结算利息，"上不封顶"只存在于理论上（市场环境和未来趋势的分析不是本书的重点，很多渠道都有非常专业的解读，这里不再赘述）。

而且，多年以来，整个保险行业的平均投资收益率超过5%的年份屈指可数，如何能一直为客户提供5%以上的结算利率呢？事实上，现在整个保险行业已经找不出结算利率在5%以上的"万能账户"了,业务员给王富贵推荐的这款产品的"万能账户",结算利率已经从5%降到4.3%,未来有没有可能降到保证利率,谁也说不准,毕竟市场上已经有不少"万能账户"开始按照保证利率来结算了。而如果按照保证利率3%来计算,"万能账户"里的钱就还不如现金价值多。

表6-4 快速返本年金+万能(假设万能3%利率)与养老年金的对比

保单年度	年龄	年金转入万能账户后的账户价值(元)(结算利率3%)	养老年金现金价值(元)
1	31	0	40750
2	32	0	42871
3	33	0	45312
4	34	0	47782
5	35	19800	50387
6	36	40381	66484
7	37	61564	83255
8	38	83367	100704
9	39	105806	118826
10	40	109692	137612
15	45	130065	163440
20	50	153870	194115
30	60	213666	273818

(注:如果保证利率再低一点,60岁时"万能账户"里的钱更少)

保证利率高的"万能账户"就一定好吗

业务员告诉王富贵,您不能只看这个,"万能账户"还有一个好处,就是您可以随时再往里存钱(专业术语叫"追加保费"),合同生效满5年后,还能随时从"万能账户"里取钱(专业术语叫"部分领取"),不收任何费用,到时哪怕您今天刚在"万能账户"里存了10万元,明天就都取走,保险公司也得给您算一天的利息;即使真降到了保证利率,也比银行利息高,这就相当于开了一个跟银行一样可以随存随取、利息还比银行高得多的活期存款账户。

这个功能确实不错,尤其对于早早就买过"万能账户"的消费者来说,应该都薅到了羊毛。但我想告诉你的是,随取可以,随存却不一定。因为在"万能账户"的条款里,追加保费的部分都有类似的描述:投保人可申请追加保险费,经本公司审核同意,将按约定的交费金额收取追加保险费,追加保险费金额需符合本公司当时的投保规定。也就是说,王富贵确实有权往这个账户里存钱,但要经过保险公司同意,要符合保险公司当时的规定。

这个规定的具体内容不是体现在合同中，而是体现在保险公司内部的运营规则中，可以修改，如果未来利率持续走低，市场环境日趋严峻，"万能账户"保证利率定得太高，保险公司觉得投资压力过大，就可以设置一些规定，不让王富贵再往"万能账户"里存钱。因为保险公司说到底是商业机构，也要控制风险，也要盈利，不可能把利益全让给消费者，这一点要理性看待。

顺着这个逻辑再多想想，如果有一天央行降到 0 利率甚至负利率，可能保证利率 1.75% 的"万能账户"还愿意让消费者往账户里存钱，而保证利率 3% 的"万能账户"就不愿意了，那这个账户就变成了一个摆设，保证利率再高，又有什么意义呢？所以，衡量一个"万能账户"的好坏，不能仅看它当前的结算利率和保证利率，而应该根据这家公司的经营水平、投资能力以及对待客户的态度等因素，进行综合评估。

要先关注年金本身而不是"万能账户"

如果王富贵为了给自己攒点儿养老钱，购买了这种"快速返本年金 + 万能账户"的组合，中途却遇到了其他诱惑，他觉得反正"万能账户"可以随存随取，不如先把钱取出来做其他投资，市场不好的时候再存进去，就把钱全取了出来。结果一开始投资赚了些钱，后来随着市场环境变化，不但把利润全吐了出去，还亏了一大笔，而此时"万能账户"又降到了保证利率，也不能再往里存钱，那他的养老目标还能不能实现，恐怕就要打一个问号了。

这些情况会不会发生呢？什么时候发生呢？没有人知道。

养老是一个长期目标，为了长期目标存钱，势必要延迟消费。有时候确实需要通过保险来做强制储蓄，让保险公司替我们承担这些不确定性风险，确保未来一定有这么一笔钱。而我们付出的成本，就是这笔保费放到其他投资渠道可能产生的最大收益，以及及时行乐的快感。我个人认为，这是另一个维度上的消费。

不过，返还时间早，但返还比例比较"正常"，不是为了"快速返本"的年金保险，也是有价值的。比如张大猫想给刚上大学的儿子张小猫准备一笔钱，支持他毕业后的工作和生活，同时又怕他年轻禁不住诱惑乱花钱，就可以购买一款这样的年金：一次性交费100万元，从第5年开始，保险公司每年给付张小猫41000元，用于补贴日常开支；如果暂时没用到这笔钱，也可以先转入"万能账户"，方便随时动用。如此，既锁定了长期确定性，又能享受到"万能账户"的中短期收益。

初始费用高的"万能账户"真的是坑吗

王富贵突然想到一个问题：那我只购买一个"万能账户"，直接往里面存钱收利息多好，何必多此一举买个年金保险，慢慢把钱往"万能账户"里转呢？

其实，这样做也可以，只不过此"万能账户"就非彼"万能账户"了。什么意思呢？

在回答这个问题之前，我们先来思考三件事：

如果一个产品年利息比银行高很多，领取也方便，你是否愿意只要有闲钱就存进去？

如果一个产品没有佣金或佣金非常低（比如：1%以内），还可能占用消费者的大笔资金，你是业务员的话，是否愿意让这个产品出现在消费者眼前？

如果保险公司要承担不菲的佣金，要给消费者比银行高得多的利息，还要承担其他费用成本，赚钱的难度会不会增大？你是股东的话，是否愿意长期这么做？

答案显而易见。因此，消费者如果想单独购买一个"万能账户"，就需要付出更多的成本。这笔成本主要体现为更高的"初始费用"，所谓"初始费用"，指的是保费进入"万能账户"之前先扣掉的钱。比如东霓保险公司这款可以单独购买的终身"万能账户"，它的初始费用是这样规定的：

表6–5　东霓"万能账户"的初始费用

初始费用	第一年	第二年	第三年	第四年	第五年	第六年及以后
0—6000元（含）部分	50%	25%	15%	10%	10%	5%
超出6000元的部分	5%	5%	5%	5%	5%	5%

如果王富贵每年交10000元保费，一共交10年，投保的时候，6000元会扣除50%的初始费用，也就是3000元；另外4000元会扣除5%的初始费用，也就是200元，所以实际进入万能账户的钱并不是10000元，而是（10000−3200）=6800元，而扣掉的3200元，会用于支付保险公司的各项成本。假设结算利率是5%，满一年后"万能账户"里的钱就是6800×（1+5%）≈7140元，连本金都不够。

请先别急着骂保险公司坑人，我们继续往下看：

同理，第二年进入万能账户的钱也不是10000元，而是8300元，满两年后"万能账户"里的钱就是（7140+8300）×（1+5%）≈16212元，依此类推：

表6-6 东霓"万能账户"的利益演示

保单年度	年交保费（元）	初始费用（元）	进入万能账户的保费（元）	年末万能账户价值（元）（5%）	总保费（元）
1	10000	3200	6800	7140	10000
2	10000	1700	8300	16212	20000
3	10000	1100	8900	26368	30000
4	10000	800	9200	37345	40000
5	10000	800	9200	48873	50000
6	10000	500	9500	61291	60000
7	10000	500	9500	74331	70000
8	10000	500	9500	88023	80000
9	10000	500	9500	102399	90000
10	10000	500	9500	117494	100000
11	0	0	0	123369	100000
12	0	0	0	129537	100000
13	0	0	0	136014	100000
14	0	0	0	142815	100000
15	0	0	0	149956	100000

直到第6年末，"万能账户"里的钱才能超过王富贵交的保费，不过10年交费期结束后，"万能账户"里就可以达到117494元，相当于有17494元利息，折合年化单利3.18%；而到了第15年末，"万能账户"里就有149956元，折合年化单利4.16%。而前文讲到的"快速返本年金＋万能账户"此时的折合年化单利是3.44%，因此，<u>如果结算利率水平相同，</u>

可以单独购买的"万能账户"虽然初始费用要高得多，可它非但不坑，年化收益率还反而可能更高一些。

注：前文讲到的"快速返本年金+万能账户"第15年账户里有151654元，虽然账户的绝对值更高，但由于10万元保费是一次性交纳，而单独购买的"万能账户"的总保费10万元是分10年交纳，时间成本要计算在内，所以折算下来单独购买的"万能账户"年化收益率更高。

为什么单独购买的"万能账户"要扣那么高的初始费用，收益率反而更高呢？因为单独购买的"万能账户"扣完初始费用后，剩下的保费就直接开始计算利息了，而"快速返本年金+万能账户"需要经过5年后，才能把保费逐步释放进"万能账户"，之前如果没有追加保费，账户里一分钱都没有，相当于收取了消费者所交保费的"时间价值"，这也是一种成本，只是没有直接扣费那么直观的感受而已。

所以，不管再怎么包装，"快速返本年金+万能账户"的组合都不一定能带给消费者更高的收益，反而还会造成更强的长期不确定性，和保险的本质背道而驰，纯粹是一个为了迎合消费者的心理而创造出来的畸形产物。不过，如果已经购买了这种产品，也不必担心，因为它起码不会爆雷，只是未来收益可能没有想象的那么高，做好这个心理准备即可。

"万能账户"的演变过程

还有一个问题，很少有人会想过：正如保险公司包装的那样，无论从哪个角度来看，"万能账户"也只是一个存钱用的账户，跟存银行差不多，只是利息可能高一点儿，好像也并不"万能"，凭什么叫"万能账户"呢？

实际上，<u>虽然"万能账户"具备一定的理财属性，但它归根到底还是保险产品，本质上是"万能保险"</u>。除了前文讲到的可以自由追加保费和部分领取外，当然也具备保障功能。<u>作为一种新型保险产品，它的保险责任和保险金额可以自由调整，而且只要保单账户价值足以支付保障成本，即使不按时交保费，合同也不会失效，消费者依然可以享受保障，跟传统保险产品相比，确实显得更加"万能"，因此得名"万能保险"</u>。

所以，"万能保险"的初衷并不是做一个纯粹的理财产品，只是由于我国内地保险市场独特的发展环境，才演变成了今天我们所熟悉的"万能账户"，而真正的万能保险，几乎已经看不到了。我想花一点时间，把这段历史分享给你，因为这也许能帮助你更深入地认识万能保险，进而了解保险公司设计产品、包装产品的视角，对保险公司有更客观的认识，作出更准确的判断。

我国内地第一款万能保险诞生于2000年，前文讲到单独购买的高初始费用的"万能账户"，其实就是万能保险原本的样子，除了享受收益外，王富贵还可以自由增减保险责任和保险金额，只要在账户价值里扣除相应的保障成本即可。比如王富贵投保时选择50万元身故保额，对应的保障成本是473元，那么王富贵所交的保费除了扣除初始费用外，还要减去保障成本（风险保费），第一年年末的"万能账户"价值就应该是（10000-3200-473）×（1+5%）≈6643元。

表6-7 万能保险账户价值的利益演示

保单年度	年交保费（元）	初始费用（元）	进入万能账户的保费（元）	保障成本（元）	年末万能账户价值（元）（5%）
1	10000	3200	6800	473	6643
2	10000	1700	8300	498	15168

（注：万能保险的保障成本以自然费率计算，费率表会体现在保险合同中）

同理，第二年的保费也要减去初始费用和保障成本。所以，第二年年末的万能账户价值就应该是（6643+10000-1700-498）×（1+5%）≈15168元，依此类推。同时在保险期间内，王富贵可以随时降低或提升身故保额，还可以增加或减少重疾、意外等保险责任（保额也可以随时升降），只要支付相应的保障成本就可以，计算逻辑完全一样（增加保险责任或者提升保额，可能需要重新健康告知或者体检，另外有些产品会要求各期保费交完以后，才允许增加保额，具体要以条款为准）。

另外，虽然王富贵选择的交费期是10年，但一年后账户价值里有6643元，足以支付498元的保障成本，如果王富贵手头比较紧，即使暂时不交第二年的10000元保费，保障仍然有效，只不过此时第二年年末的账户价值就会变成（6643−498）×（1+5%）=6452元；如果第三年依然不交，账户价值就会变成（6452−523）×（1+5%）=6225元，依此类推，直到账户价值不足以支付保障成本，合同才会终止（也有产品规定n年之内没有交纳应交保费，不管账户价值是否足以支付保障成本，合同均终止，具体以条款为准）。其间，王富贵随时都能把保费补上，只不过初始费用要按照对应交费年度的比例扣除，比如第二年的保费拖到第五年才交，也应该按照第二年的初始费用比例来扣除，即扣除1700元（前文已有计算）。

前文讲过，自然费率定价的一般都是一年期保险产品，好处是年轻的时候保费非常便宜，缺点是保障不稳定，中途一旦停售，就可能无险可买，而万能保险巧妙地把长期保障和自然费率结合在了一起，有效地解决了这个问题。

当然，不同产品之间也存在一些差异，除了前文提到的增加保额和缓交保费的规定可能不同外，由于保险公司需要对万能保险的保费单独设立管理账户，有些产品还会收取保单管理费，但金额不大，每个月也就几元钱，同样在账户价值中扣除；有些产品会给付持续奖金，比如：从第2年开始，只要按时交纳保费，每年给付当期保费的2%，直接增加在账户价值中；部分领取的规定也可能不同，有些产品规定每年前两次部分领取不收手续费，从第三次起每次收20元；有些产品规定前n年只要部分领取，就要收一定比例的手续费……具体情况，都要以产品条款为准。

总之，无论如何，万能保险都是一个非常棒的创新产品，给了消费者更丰富的选择。遗憾的是，万能保险的销售一开始就跑偏了，几乎所有的业务员推销的时候，描述的几乎都是"这款产品交费和领取都非常灵活，利息也高，您今天交一笔钱就有利息，以后有钱的时候就往里存，没钱的时候可以先不存，要用钱的时候随时都能取，而且还送保障"，对相关费用尤其是初始费用只字不提，让消费者误以为自己今年存入一笔钱明年就有收益，结果家里遇到事情的时候，想起还有这么一笔钱在保险公司，过来取才发现连本金都不够，当场炸锅。

彼时这种现象非常普遍，短短几年就引发了多起群体投诉，各家公司也都不敢再大规模销售，万能保险一度销声匿迹。取而代之的是分红保险，因为分红保险的销售逻辑更偏向于"分红需要长期积累才能获得更高收益"，甚至有不少业务员宣称"买分红险相当于买保险公司的原始股，持有时间越久，积累的红利越多，收益越高"（当然这也是非常严重的误导），所以相对而言，消费者对分红险的短期收益没有特别强烈的期待，即使短期分红不高，但只要不提前退保，起码不会亏钱，所以更容易安抚，也更容易长期持有保单，更有助于保险公司长期稳定经营，所以从 2004 年左右开始的很长一段时间内，整个保险市场呈现出分红保险一家独大的局面，万能保险几乎彻底被遗忘。

不过，虽然分红保险本身也是不错的产品，但在销售过程中同样存在很大问题，最典型的就是过分夸大分红收益，而随着同期（2001 年左右开始）银行保险业务的快速发展，这个问题也被提前暴露在大众面前。

众所周知，个人业务员展业的最大难题在于开拓客户，而银行在这方面有天然的优势，老百姓对银行的信任度极高，保险公司通过银行销售保险可以更快地提升保费规模；而对于银行来说，代理保险业务可以获得可观的中间业务收入，双方都有好处，合作也就成了水到渠成的事情，仅用了短短三年时间，银保业务就占到了整个人身保险市场的四分之一，到 2010 年更是占据了半壁江山。

在银行的业务场景下，大规模销售长期保险产品不太现实，尤其是在银行保险业务发展初期。因为储户到银行去存钱，最长的心理预期也就是五年定期，要想说服他们转而购买长期保险产品非常难，但如果保险期间太短，兑付太早，又会给保险公司造成比较大的现金流压力。综合考量下来，对标五年定期存款是一个折中的方案，所以一次性交费（趸交）、五年满期的分红保险就成了银行保险的主打产品。销售逻辑简单粗暴，就是直接承诺满期收益比五年定期存款要高，却不会告诉储户这是保险产品，结果储户中途需要用钱的时候，以为和定期存款一样，提前支取的话利息按活期计算，根本不知道提前退保，可能拿不回本金，引发了不少纠纷。更糟糕的是，从2007年到2012年这段兑付高峰期，储户实际得到的收益远低于同期五年定期存款，而保险公司的处理策略一般都是尽量劝说安抚，遇到态度强硬实在搞不定的，才会走内部流程来补足利息差额，服务体验极差。

平心而论，并不是保险公司黑心，故意压低收益来赚息差，而是由于当时的监管很谨慎，对保险资金的限制非常严格，多数只能投向协议存款、国债等安全等级很高的金融资产，保险公司很难获得可观的投资收益，银行还要收一笔手续费，给客户的收益自然不可能高。不过，虽然跟时代局限性有一定关系，但总、分公司对业务单位这种销售误导行为的默许和纵容，给行业造成了非常强烈的负面影响，时至今日，在网上搜索"存款变保险"，依然能找到很多负面新闻。

糟心的事儿还不止这些，很多时候业务员为了完成业绩指标（不仅保险公司业务员，银行人员可能也会这么做），会引导超过投保年龄的老年储户以子女作为被保险人，自己作为投保人来完成投保。这就可能带来两种隐患：

第一种，投保人是出钱的人，分红归属于投保人，满期时会打到老人的银行账户中，但保险的满期金是归属于被保险人的，也就是要打到子女的银行账户中，手续烦琐还在其次，更糟的是有些做子女的见财起意，就把这笔钱据为己有了，因为这种五年期分红保险的满期金远高于分红，比如一次性交费 5 万元，满期后满期金有 5.35 万元，分红只有不到 3000 元。有时候，几万元钱足以考验人性和亲情，我在地级市支公司银保业务条线工作的时候，这种事也没少见。

第二种，虽然保险期间只有五年，但老人年龄大了，五年之内去世的情况也很常见，而健在的老伴儿以为这是存款，去银行取钱的时候才知道是保险，可到了保险公司，钱还是取不出来，因为去世的老人是投保人，不是被保险人，保险公司不会理赔，此时现金价值和分红都会成为老人的遗产，要想处理，需要所有的法定继承人到场。这种情况更麻烦，尤其遇到多子女家庭，可能都不在一个城市生活，平时很难凑到一起；而且，老两口存这笔钱本来就是想自己支配，根本没打算告诉子女，这一下弄得人尽皆知，很容易扯皮，甚至上演狗血大剧。我曾亲眼见到一个案例：老爷子去世，老太太取不出钱，费了好大劲才把三个孩子都叫过来，结果保单的被保险人是二儿子，二儿子就认为所有钱都应该是他的；大女儿和小儿子则认定老两口偏心，想把钱偷偷给二儿子，当场吵得不可开交。其实，老两口就是想自己存点儿钱，正好二儿子的身份证在身边，稀里糊涂地买了一份分红保险，根本就没想那么多。但老太太百口莫辩，只能在旁边一个劲儿抹眼泪。

换位思考一下，如果自家长辈碰到这种情况，情何以堪？

虽然这些销售乱象带来的恶果，最终还是由保险公司买单，但储户是在银行买的产品，第一时间想到的是找银行兴师问罪，银行也疲于应付，长此以往对信誉也是极大的伤害，这不是靠中间业务收入能弥补的，而且大量储户已经吃了亏，一听到分红险就唯恐避之不及，所以银行就不太愿意代理销售分红保险了。甚至直到今天，一些大银行依然对分红保险极度排斥，足见当时的负面影响有多深远。另外，在销售分红保险的时候，很多个人保险业务员也会误导消费者，只是没有银行渠道规模大。在媒体的频频曝光下，到了2012年，分红险几乎可以用"臭名昭著"来形容，很难卖出去了。

但是，在当时的市场环境下，保险行业比任何时候都更迫切地需要找到新的业务增长点。因为在这一年，随着中国经济快速增长，居民储蓄已经累积了很大的规模；同时，出现了很多层层嵌套，高杠杆、高收益的产品，让老百姓为之疯狂，全然不顾高收益必然伴随高风险的常识。相比之下，传统的具备返还功能的"理财型保险"虽然安全，可收益差距实在太大，缺乏竞争力，而和"保障型保险"相比，"理财型保险"更容易卖出高保费，资金聚集效应更强，是保险公司提升保费规模最重要的手段，如果这条路被堵死，会对保险公司造成很大打击。

于是，保险公司就重新打起了万能保险的算盘。一方面，万能保险的"黑历史"比较短，经过近10年的时间，已经逐渐被市场淡忘；另一方面，能包装高收益的保险产品就只有分红保险、万能保险和投资连结保险（简称投连险）三种，而分红险已经坏了名声，不能用了，投连险的投资盈亏需要消费者自担，销售误导又不可控，可能造成更严重的后果，在过去也是有历史教训的（基本上和万能险的问题爆发在同一时期，主要原因也是销售误导，只讲收益不讲亏损的可能性）。所以，事实上保险公司也只剩下了万能保险这一种选择。

接下来的问题是，万能保险的高初始费用怎么解决？保险公司想出的办法是——不收了！不仅如此，还有一系列意想不到的操作：

1. 反正保单管理费只有几十元钱，干脆也不收了；

2. 取消自由增减保障的功能，身故只返还保单账户价值，而保单账户价值本来就都是消费者的钱，保险公司不需要承担额外风险，所以没有保障成本，也就不需要扣风险保费；

3. 仅要求在一年内部分领取或者退保的话，需收一定比例的手续费；

4. 结算利率4%—5%（同期银行一年期定期存款利率3.25%）。

这就意味着，虽然这是一份长期保险，但实际上只要满一年，消费者就可以连本带利地把钱全部拿走，比如：王富贵年交保费10000元，原本一共要交 10 年，但满一年后他的保单账户价值里就有 10450 元（假设结算利率 4.5%），可以直接退保全部拿走，跟银行一年定期存款毫无区别，利息还更高。

如果王富贵选择继续持有保单，还可以随时追加保费或部分领取，几乎已经和余额宝一模一样，甚至还比余额宝多了一个保证利率，下限更有保障。市场热情被再次激发出来，万能保险也自此彻底变成了一个纯理财的"万能账户"。

万能保险彻底"理财化"后的恶果

但是，保险公司毕竟和基金公司有本质差别，经营逻辑完全不同，这种产品已经完全脱离了保险的本质，会给保险公司带来很大的现金流压力。而且由于把利益全部让渡给了消费者，个人业务员销售这类产品能获得的佣金非常少，0.1% 都不到，长此以往，公司根本就养不住人。所以，一段时间后，这种万能保险就不再单卖，而是作为附加险，和快速返还的年金险一起组合销售，"快速返还年金 + 万能账户"的产品组合第一次登上历史舞台，并最终在当时成为了主流。因为年金保险的佣金比例虽然不像"保障型保障"那么高，但更容易卖出高保费，同时产品包装有一定竞争力，销售难度相对小一些，业务员的收入也就能得到保证，能够兼顾各方的需求。

表6-8 当时"快速返还年金+万能账户"的产品组合形态

产品	保险金额（元）	保险期间	交费期间	年交保费（元）
大富年金保险	10000	终身	5年	100000
附加大贵年金保险（万能型）	——	终身	1年	100

当时的产品是真正的"快返"，各公司也非常卷，你满一年开始返年金？那我过了10天犹豫期就返，而且返还比例高达保费的50%。但这还不是最快的，有公司干脆承保当天就返第一笔年金。当然，保险公司也没有完全丧失理智，如果犹豫期退保，退还的保费要扣除这笔钱。

另外，为了控制现金流风险，保险公司培训业务员的时候，一般会重点先讲年金转入"万能账户"的收益，但"万能账户"也是保险产品，不能一分钱保费不收，所以会让消费者尽量少放一些钱，比如100元（也有10元、50元等金额），包装成"万能账户"的"开户费"，实在拿不下单子，再用追加保费的功能吸引消费者。但与此同时，会设置一些追加保费的限制，比如要和年金险的主险总保费相同，也就是说如果消费者想往万能账户里追加10万元保费，买年金险的保费也要达到10万元（各家公司规定不同，也有个别激进公司不做任何限制）。

此外，结算利率和保证利率的竞争也颇为惨烈。结算利率你敢给5%我就敢给5.5%，保证利率你敢给3%我就敢给3.5%，当时最激进的一款附加万能保险结算利率甚至一度高达7.2%，保证利率也达到了3.5%，要不是监管规定人身保险产品的预定利率上限只有3.5%，保不齐就有公司敢给5%甚至更高的保证利率（虽然预定利率不等同于保证利率，但会影响保证利率的上限，因本书不是学术教材，具体逻辑不再展开）。

个人营销业务稳住了，保险公司还要尽快恢复银行对保险产品的信心，最好的方法无疑是让储户尽早看到实实在在的收益，如果还对标五年定期存款，就有点儿慢了，于是有些人就把目光转向了一年定期存款。

产品的设计思路和满一年就能退保拿回本息的万能保险类似，但做法稍有不同，因为银行拥有绝对的议价权，代理手续费的比例不可能像个人业务那么低，而给客户的收益又不能低于一年定期存款，再加上其他成本，投资端的压力比较大，所以还是要稍微收一点儿初始费用来缓解。

怎么做呢？以当时销售的一款万能保险为例：一次性交费，保险期间是5年，但满一年后，退保就不收手续费，初始费用是1.5%，实际结算利率为5%。如果王富贵交10000元保费，满一年后退保，连本带息可以拿回（10000−10000×1.5%）×（1+5%）=10342.5元，比存一年定期存款稍微多一点（同期利率3.25%，存10000元到期拿回10325元），虽然销售过程依然含混不清，但起码能够实现承诺给储户的收益。

所有的产品都是这个逻辑，无非是在初始费用和实际结算利率上做微调，确保利息比一年定期存款稍微高一点儿，至于保险期间根本不重要，反正满一年就可以全额退保了。实际销售过程中银行给储户讲的也都是

"满一年就可以取，利息比存款高一点儿"，因为一年以后，储户发现确实比定存利息高，会加强信任，自然就愿意继续买这类产品，而且退保重新再买，银行还可以再收一笔手续费，如果储户不愿意再买，对银行来说也没什么损失。

但是对于保险公司来说就存在不确定性了，因为没有办法确保储户退保后，银行还会继续给储户推荐自己家的产品，即使银行继续推荐，也没办法确保储户一定会再买。而且，<u>这种产品本身几乎没有利润，就是为了扩大保费规模，再靠投资赚取利差</u>，一旦当年投资收益不好，兜不住成本，就可能带来巨大的现金流风险。

所以，保险公司又设计了"两年期"和"三年期"的万能保险，逻辑和"一年期"一模一样，只是在退保手续费的收取时间上再动动手脚，两年后退保不收手续费就是"两年期"，三年后退保不收手续费就是"三年期"，万一"一年期"兑付的时候出现问题，"两年期"和"三年期"的保费还在公司，可以先顶上。

这几乎是非法集资"借新还旧"的路数，虽然保险公司的目的不是骗取资金后跑路，和非法集资有本质区别，但从这种"长险短做"的操作形式来说，和非法集资又很像；从实际积累的金融风险来说，甚至比非法集资更严重。

万能保险的风险

资本是逐利的,由于银行保险业务能够快速上量,有些保险公司的股东就动起了歪脑筋,把"一年期""两年期"和"三年期"产品彻底当成了融资工具,通过银行大规模销售之后,把收到的大量保费偷偷挪用于高风险投资,完全违背了保险资金"稳健投资"的首要原则。而且,购买这类产品的储户到银行的本意是存钱,他们的风险偏好极低,以为和存款一样是刚性兑付,对保费被挪用的行为一无所知,监管不可能对这样的风险视而不见,金融监管改革也就此加速。于是,原保监会率先在2016年3月18日发布了《中国保监会关于规范中短存续期人身保险产品有关事项的通知》(保监发〔2016〕22号),明确限制了"中短存续期保险产品"的保费规模:

(一)自2016年1月1日起,保险公司中短存续期产品年度保费收入应控制在公司最近季度末投入资本和净资产较大者的2倍以内。

(二)对2015年度中短存续期产品保费收入高于当年投入资本和净资产较大者2倍的保险公司,自2016年1月1日起给予公司5年的过渡期。

过渡期内，保险公司的中短存续期产品年度保费收入应当控制在基准额以内。

基准额＝最近季度末投入资本和净资产较大者×2+（1–0.2t）×（2015年度中短存续期产品保费收入 –2015年末投入资本和净资产较大者×2），t=年度 –2015，年度范围为2016年至2020年。

（三）保险公司所销售的预期60%以上的保单存续时间在1年以上（含1年）3年以下（不含3年）的中短存续期产品的年度保费收入，2016年应控制在总体限额的90%以内，2017年应控制在总体限额的70%以内，2018年及以后应控制在总体限额的50%以内。

虽然没有明言是针对"一年期""两年期""三年期"银保万能保险业务，但指向非常明确，不允许股东把保险公司当成短期融资工具为自己输送利益，逐步压缩这类产品的保费规模，引导保险公司回归保障本质（现在我们在银行买到的趸交保险产品，重新回到了过去保险期间最短5年的形态，而且各家公司都开始限量销售）。这意味着"借新还旧"走不通了，极大地增加了保险公司"一年期""两年期""三年期"存量产品的兑付难度，但在储户眼里，自己在银行购买的所有产品都应该刚性兑付，即使有风险，也应该由银行来承担，而不是自己。

而且，分红保险达不到承诺收益的负面影响犹在眼前，如果万能保险立刻再来一次，后果不堪设想，从大局考虑，已经销售出去的产品即使保险公司贴钱，也必须按承诺兑付。对于已经通过银行销售了大量"一年期""两年期""三年期"万能保险的公司，兑付的压力尤其巨大，直接或间接导致了个别保险公司被原银保监会接管。

幸运的是，保险行业有保险保障基金托底，并没有影响到储户的利益，如果这种现象出现在其他行业，其实已经可以算爆雷了。

还有一些公司也存在类似风险，就目前来看，实控人还能依靠自己的力量逐步处置和化解，但也不排除未来被接管的可能，我们拭目以待。

客观来说，即使被接管，也只能说明这家公司过去的管理存在问题，不代表未来不会变好，更换股东和管理层之后起死回生的公司比比皆是。同样地，现在风光无限的公司，也不代表未来不会出现重大风险，就像谁也想不到某些地产龙头居然也能爆雷一样。不过，在所有的金融资产中，保险产品的安全系数是最高的，因为除了有保险保障基金托底，保险法对于保险公司破产以后，如何保障消费者的利益也有明确规定，起码本金安全有一定保障。

万能保险持续受到监管

对万能保险的监管还远未结束，2016年9月2日原保监会又发布了《关于进一步完善人身保险精算制度有关事项的通知》（〔2016〕76号），要求万能保险的保证利率不得高于3%。此外，保险公司在开发定期寿险、两全保险、终身寿险和护理保险的时候，死亡保险金额或护理责任保险金额与已交保费或账户价值相比，不能低于以下比例：

表6-9　监管对死亡保险金额或护理保险金额的比例要求

到达年龄	比例下限
18—40周岁	160%
41—60周岁	140%
61周岁及以上	120%

比如东霓保险公司按此要求设计了一款"我不是纯理财两全保险（万能型）"，王富贵购买后，在35周岁的时候不幸身故，此时账户价值是10万元，保险公司就要赔给王富贵的家人16万元，而不能像以前一样，仅还回10万元了事。也就是说，保险公司在设计产品的时候，不能人为地取消两全保险、终身寿险和护理保险应有的保障功能（定期寿险不允许设

计成万能保险),使风险保费为零,达到把万能保险做成纯理财账户的目的,起码要为消费者提供最基础的身故或护理保障。

但上有政策下有对策,由于年金保险的保险责任在于生存给付而非身故保障,所以没有上述比例限制,也就可以没有风险保费。于是,有些保险公司就把附加万能账户做成了年金险的形态,规避监管要求。或者把客户的已交保费定义为"基本保险金额",把"基本保险金额" × 监管规定比例与万能账户价值的较大者定义为"有效保险金额",按照"有效保险金额"进行赔付,而不是按照万能账户价值 × 监管规定比例赔付:

表6-10　某年金保险(万能型)的身故保险责任演示

保单年度	年龄	一次性交费	基本保险金额	账户价值（5%）	身故保险金
1	30	100000	160000	103903	160000
2	31		160000	109081	160000
3	32		160000	114514	160000
4	33		160000	120218	160000
……	……		……	……	……
10	39		160000	161103	161103

如此,从第10年起,如果发生身故,依然是返还账户价值,保险公司不需要承担额外风险,不用再收取风险保费。

2017年5月11日,原保监会又放了一个大招,下发了《关于规范人身保险公司产品开发设计行为的通知》(〔2017〕134号),矛头直指个人营销业务主打的"快返年金+万能账户"的产品组合,要求保险公司<u>不得以</u>

附加险形式设计万能型保险产品，并且要求两全保险和年金保险首次生存保险金给付应在保单生效满 5 年之后，每年给付或部分领取比例不得超过已交保险费的 20%。

监管的导向很明显，就是希望保险公司收敛一点儿，不要整天都琢磨怎么把万能保险搞成短期理财账户，踏踏实实干好保险公司该干的事，以长期主义视角经营保险业务。但此时市场已经被"教育"得极度缺乏耐心，消费者也已经习惯了即使买的是保险产品，也能快速见到收益。

想要扭转这样的认知偏差，绝非一朝之功，所以保险公司就会钻监管的空子，才出现了从第 5 年到第 9 年每年返还已交保费 20% 的年金保险。至于不允许以附加险形式设计万能型保险产品，也难不倒保险公司——只要设计成主险形式即可，不影响我把它变成理财账户，前文讲过的"快速返本年金 + 万能账户"的畸形产品就是这样诞生的，有些保险公司培训的时候还会宣称"我们的产品第 5 年开始返还是监管要求下的极致快速返还，每年返还 20% 保费也是监管要求下的极致顶格返还，这都是行业首创"（下图仍然是某公司产品培训其中的一页 PPT，你可以再感受一下）。这是典型的夸大其词，所有公司都能想到这种做法，只是愿不愿意这么做而已。如果有业务员这样跟你推销产品，可以直接让他走人。

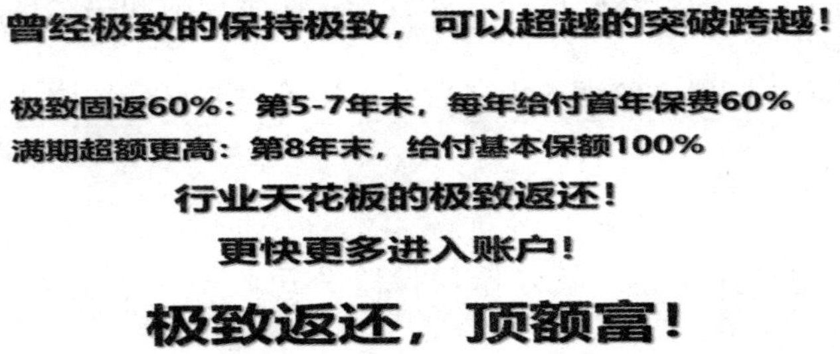

> **曾经极致的保持极致，可以超越的突破跨越！**
>
> 极致固返60%：第5-7年末，每年给付首年保费60%
> 满期超额更高：第8年末，给付基本保额100%
> 行业天花板的极致返还！
> 更快更多进入账户！
>
> **极致返还，顶额富！**

图6-2 某"快速返本年金+万能产品"组合的包装

由于是3年交费，每年给付首年保费的60%，实际就是每年给付总保费的20%，但显然60%的数字更有震撼力和煽动性，在培训现场更容易调动气氛。

除了正式发文外，监管还陆续给出了一系列窗口指导意见，规范万能保险，比如：必须收取初始费用，把部分领取比例都不得超过20%的要求范围扩大到所有"理财账户化"的万能保险（万能账户），万能保险的实际结算利率不能超过5%等。

不过，保险公司依然能找到可钻的空子。因此，今天看到的万能账户，一般都有这样几个特点：

1.保费进来的时候，收1%—3%的初始费用，年末的时候再以"持续奖金"的方式把这笔费用还回去（为了满足首次生存金给付不能早于5年的监管要求，第一笔持续奖金在第5年末给付，从第6年开始，每年末给付）。比如：王富贵购得了一个初始费用为1%的万能账户，每年都会往账户里追加1万元，收取的初始费用就是100元，第5年末会把前5年收的

500元直接返还到账户里，从第6年开始每年末返还100元。一番操作以后，基本上等于没收初始费用，极大程度降低了对收益的影响。

2.五年内退保或部分领取，收取手续费（避免被监管认定为"中短存续期产品"），年手续费从5%递减至1%，保单生效满5年后，不再收取。

3.每年部分领取的比例不能超过已交保费的20%（监管要求），比如：王富贵在这笔万能账户里一共交了10万元保费，即使已经增值到100万元，每年最多也只能从账户里取出2万元，除非直接退保把这100万元全部拿走。不过我个人认为，虽然这是监管要求，出发点是好的，也写在了合同里，但依然不应该发生效力。因为保险合同条款是格式条款，条款提供方（也就是保险公司），应该遵循公平原则、确定双方的权利义务，不能不合理地限制或排除对方的主要权利。对于万能保险来说，保险公司有权对追加保费设置要求或门槛（参考银行大额存单，也有起存金额要求），但这是我自己的钱，只要我符合要求存进来了，领取的时候，你可以收取手续费作为账户运作成本（参考基金赎回手续费），但不能限制我每年取钱的额度。这是我个人观点，不一定准确，如果您是法律专业人士，欢迎一起探讨。

4.按照监管的最低要求设计身故或护理保障，尽可能压低风险保费，降低对收益的影响。

附表：

表6-11　新旧万能账户对比

时间节点	2017年10月1日前（旧）	2017年10月1日后（新）
险种类别	附加险	主险
初始费用	无	1%—3%
持续奖金	无	1%—3%（一般与初始费用比例一致）
风险保费	所有形态均无	有（尽量做到少收或不收）
退保/部分领取手续费	首年/前2年/前3年收取	前5年收取
部分领取限制	无	每年最多领取已交保费的20%
保证利率区间	1.75%—3.5%	1.75%—3%
结算利率	曾经大多数都在5%以上，现在均降至5%以下	

以上就是万能保险演变成"万能账户"的大体过程，实质上把保险变成了短期保本保息理财，这绝不是保险公司应该做的事情。专业人士对此心知肚明，也曾做过抗争，坊间传言这类业务发展初期，某公司总精算师因拒绝在产品开发相关文件上签字，遭到业务部门分管领导掌掴，最终在各方压力下不得不妥协。这个传言可信度挺高的，毕竟长期以来，保险行业的价值导向都是"保费为王"，至于这笔保费是怎么来的，并没有那么重要。

万能保险未来可能的发展趋势

既然万能保险演变成"万能账户"的现象源于资管市场如脱缰野马般狂奔的时代背景，相信也终将随着资管市场从大乱转向大治逐渐回归本源，完全理财化的"万能账户"也很可能将彻底成为历史。

资管新规全面落地后，老百姓心目中稳赚不赔的银行理财产品出现了亏损现象（跌破净值），整个社会逐渐开始建立"打破刚兑，风险自担"的共识，借此契机，"万能账户"结算利率普遍进一步下调，继续纠正市场对"万能账户等于稳定高收益"的认知也将是大概率事件。

2022年12月30日原银保监会下发的《关于印发一年期以上人身保险产品信息披露规则的通知》（银保监规〔2022〕24号）中要求，<u>销售万能保险时，产品说明书中最高只能按照4%的利率来做利益演示</u>。这就是一个明确的信号（在这之前最高可以按照6%来演示，后来下调到不能超过5%，紧接着所有万能保险的实际结算利率都下调到了5%以下），也许意味着未来一段时间内，市场上所有的万能保险实际利率都会降到4%以下。我在2020年曾有这样的预判，现在看来很可能要成真了。

> 立个flag，资管新规全面落地以后三年内，万能险结算利率将普遍降到4%以下，也会出现不少按保底利率结算的产品，低初始费用，高保底利率的万能险追加保费会受到各种限制，靠短期伪年金+万能账户的畸形模式终将末路，传统长期年金or增额终身寿险才是锁定长期利益，构筑保底资产的正道。
>
> 财联社深度 前三季万能险保费5805亿元同降17% 起底万能险"冰火"之变
>
> 2020年11月14日 上午9:29

图6-3 作者在朋友圈发布的评论截图

既然要"大治"，就难免要付出阶段性代价；而且，在经济增速放缓的大环境下，找到高回报的项目越来越难，万能保险也不可能是世外桃源。不过，相信最终监管还是会把结算利率的决定权还给市场，只要保险公司有真本事，完全有可能阶段性给出较高的结算利率，只是要经历一个过程，起码要等到万能保险彻底"理财化"后积累的风险完全出清的那一天。消费者要做好心理准备，适当降低预期，静待花开。

另外，近年很多保险公司把趸交五年期银保产品改回了分红型，以此避开万能保险受到严厉监管的风头。而多数银行愿意重新接受分红保险，一方面是因为"中短存续期产品"的如约兑付重建了对保险公司的信任；另一方面，随着保险资金可投资渠道的逐步放开，保险公司有了更多的操作空间，可以通过一些"技术手段"在短时间内把理论上要按实际经营情况来决定的分红变成确定的收益，实质上也成了短期保本保息的理财产品。

所以，如果你这个阶段在银行买过趸交五年期分红险，应该不用担心满期后会像以前一样收益不达预期。只不过，这种产品同样在监管范围内，银保监规〔2022〕24号文也对分红保险产品说明书中的利益演示做了要求，最高不能超过4.5%减去预定利率（也就是目前分红保险产品说明书中利益演示的中档分红水平），而进入2023年后，已经有很多公司在规划把这类产品的满期收益降到4%以下了（之前大多在4%—4.5%之间）。

总之，分红保险未来的方向大约也会完全和保险公司的实际投资收益率挂钩，经营风格稳健的公司在这方面或将更有优势。

第七章
增额终身寿险的秘密

保险其实很简单

万物皆可"增额终身寿"

增额终身寿险诞生于万能保险受到严厉监管的这段时期,并且凭借产品形态简单、好讲好卖等优势,从 2015 年起,逐步取代了"快返年金+万能账户"的组合,成为业内顶流产品。尤其是在最近几年铺天盖地的宣传下,即使你不能准确说出"增额终身寿"这五个字,也一定听过"终身锁定 3.5% 复利,安全稳定"等营销宣传话术。

这种终身寿险的保额每年会按照 3.5% 递增,所以被称为"增额终身寿险"。普通终身寿险的身故保险责任是直接赔付保额,简单明了,增额终身寿险则不同,对于身故保险责任的表述极其复杂,一般分为"未成年""已成年且在交费期内""已成年但已交完保费"三种情况,还要把有效保额(第一年的基本保额每年按 3.5% 递增以后的保额)、已交保费 × 监管规定的最低比例(前文提到的 160%、140%、120%)、现金价值放在一起比较,取较大者赔付,普通人看着都眼花。

之所以要这样设计,是为了尽可能地降低保障成本,使现金价值在按照 3.5% 利率增长的情况下,尽早超过已交保费(本金),实现长期、确定的收益，提升产品的吸引力。所以，增额终身寿虽然形态是终身寿险，但功能上更侧重理财而非保障，身故到底怎么赔其实没那么重要，看不懂条款表述没关系，看利益演示就可以了。

为了便于理解，我们通过一款增额终身寿险的利益演示来说明（以30岁的王富贵一次性交费10万元为例）：

表7-1 某增额终身寿险利益演示表

保单年度	当年保费	累计保费（元）	当年度保险金额（元）	身故保险金（元）	保单现金价值（元）	现金价值"表面"增长利率
1	100000	100000	85700	140000	93150	——
2	0	100000	88785	140000	96380	3.47%
3	0	100000	91981	140000	99710	3.46%
4	0	100000	95293	140000	103160	3.46%
5	0	100000	98723	140000	106730	3.46%
6	0	100000	102277	140000	110420	3.46%
7	0	100000	105959	140000	114250	3.47%
8	0	100000	109774	140000	118210	3.47%
9	0	100000	113726	140000	122310	3.47%
10	0	100000	117820	140000	126570	3.48%
11	0	100000	122061	140000	130970	3.48%
12	0	100000	126456	140000	135540	3.49%
13	0	100000	131008	140280	140280	3.50%
14	0	100000	135724	145190	145190	3.50%
15	0	100000	140610	150270	150270	3.50%
16	0	100000	145672	155530	155530	3.50%
17	0	100000	150917	160970	160970	3.50%

131

续表

保单年度	当年保费	累计保费（元）	当年度保险金额（元）	身故保险金（元）	保单现金价值（元）	现金价值"表面"增长利率
18	0	100000	156350	166610	166610	3.50%
19	0	100000	161978	172440	172440	3.50%
20	0	100000	167809	178480	178480	3.50%

前文讲过，一张保单的首年费用成本最高，尤其是给销售端的佣金（交费时间越长，首年佣金比例越高），这是省不掉的，所以在前几年，现金价值都会低于保费。而如果身故直接按现金价值赔付，虽然没有保障成本，但万一有消费者出险，赔到的钱还不如交的保费多，一定会引发投诉，发酵起来不好收场。基于上述考虑，按照监管规定的最低标准（已交保费×固定比例）来做身故赔付是最优解，不仅可以把保障成本降到最低，还能规避客诉风险。

既然是一次性交费，从第二年开始，保险公司就不用再给销售端佣金了，也不用担心续期保费的收取，费用成本大幅降低。但此时现金价值依然小于已交保费×140%（14万元），身故时会按照14万元来赔付，因此还有保障成本，现金价值在计息之前，要先扣掉这些成本，这样计息的本金就减少了，直到第12年都是如此。所以这段时间内，在利益演示上看到的现金价值增长的利率会略微低于3.5%的预定利率。

第二年的现金价值（96380）可以粗略地用这个公式来计算得

出：[93150（首年现金价值）- 当年度保障成本 - 当年度费用成本] × (1+3.5%)，依此类推。不完全严谨，主要为了帮助你理解。

从第13年起，现金价值会超过已交保费×140%，同时保额也比现金价值要低，身故开始按照现金价值赔付，而现金价值本来就是消费者自己的钱（前文已有分析），严格来说已经不是"赔付"的概念，而是"归还"，因此以后就不再有保障成本了。而且，保单经过这么多年以后，费用成本也没有了，现金价值就开始全额按照3.5%的预定利率逐年增长。只不过在现金价值表中，消费者只能看到现金价值的数字，看不到背后的计算逻辑，会错误地认为收益低的产品是保险公司在利率上做了手脚，但事实并非如此，预定利率都是一样的，主要原因还是各公司在保障成本和费用成本上考量的因素不同，定价有高低，是一种正常的商业行为。

表7-2 不同增额终身寿险的现金价值对比

保单年度	当年保费（元）	累计保费（元）	A产品		B产品	
			保单现金价值（元）	现金价值"表面"增长利率	保单现金价值（元）	现金价值"表面"增长利率
1	100000	100000	93150	——	93066	——
2	0	100000	96380	3.47%	96237	3.41%
3	0	100000	99710	3.46%	99517	3.41%
4	0	100000	103160	3.46%	102911	3.41%
5	0	100000	106730	3.46%	106425	3.41%
6	0	100000	110420	3.46%	110062	3.42%

续表

保单年度	当年保费（元）	累计保费（元）	A产品 保单现金价值（元）	A产品 现金价值"表面"增长利率	B产品 保单现金价值（元）	B产品 现金价值"表面"增长利率
7	0	100000	114250	3.47%	113830	3.42%
8	0	100000	118210	3.47%	117735	3.43%
9	0	100000	122310	3.47%	121786	3.44%
10	0	100000	126570	3.48%	125989	3.45%
11	0	100000	130970	3.48%	130353	3.46%
12	0	100000	135540	3.49%	134889	3.48%
13	0	100000	140280	3.50%	139609	3.50%
14	0	100000	145190	3.50%	144495	3.50%
15	0	100000	150270	3.50%	149553	3.50%
16	0	100000	155530	3.50%	154787	3.50%
17	0	100000	160970	3.50%	160205	3.50%
18	0	100000	166610	3.50%	165812	3.50%
19	0	100000	172440	3.50%	171615	3.50%
20	0	100000	178480	3.50%	177621	3.50%

销售 B 产品的公司，经营策略相对保守，预计发生的保障成本和费用成本更高，定价更贵，所以 B 产品现金价值的基数一开始就比 A 产品要低一些，之后每年扣除的成本也更高一些，前期的"表面"增长利率和整体收益自然就不如 A 产品。但实际上，两款产品的现金价值都是一直按照 3.5% 的利率在增长的。

可见，"终身锁定 3.5% 复利"的说法虽然理论上没有问题，但很容易对消费者造成误导。因为在消费者的概念里，不存在保障成本和费用成本，我存在这里的本金就是 10 万元，而如果本金以 10 万元为基数计算，实际到手的收益是达不到 3.5% 的。以产品 A 为例，假设复利利率为 X，第 20 年的现金价值 $178480=100000\times(1+X)^{19}$。通过计算可以得出，复利利率为 3.1%。如果选择年交的交费方式，计算复利会麻烦一些，但可以用 irr（内部收益率）作为参考标准（最高可以做到 3.49%，趋近于 3.5% 的预定利率）。

网上很容易找到手把手教算 irr 的视频，更加直观，而且很多互联网保险平台在推荐产品的时候，还会直接算好各产品的 irr 展示出来，因此这里就不再占用篇幅了。总之，增额终身寿险的收益和保额按百分之几增长没有任何关系，主要还是取决于预定利率，但由于存在保障成本和费用成本，预定利率也不能完全等同于实际到手的收益率，或者说不能完全等同于消费者认为的实际到手收益率。

在销售实务中，现金价值低于已交保费的前几年，消费者如果退保，是拿不回本金的，所以业务员会把这段时间形象地比喻为"封闭期"，"封闭期"短的产品，回本比较早，可以给消费者更好的直观感受；"封闭期"长的产品，主要是为了遏制消费者早早把这笔钱拿走的冲动，避免增加公司早期的现金流压力，而付出的代价是，为了保证竞争力，"封闭期"长的产品往往会通过人为调整费用成本和保障成本的方式，使长期收益比"封闭期"短的产品更高，相当于把兑付压力推到了后期。

表7-3 "封闭期"短的产品与"封闭期"长的产品对比

保单年度	当年保费（元）	累计保费（元）	"封闭期"短的产品		"封闭期"长的产品	
			保单现金价值（元）	现金价值"表面"增长利率	保单现金价值（元）	现金价值"表面"增长利率
1	100000	100000	93150	——	52424	——
2	0	100000	96380	3.47%	60702	15.79%
3	0	100000	99710	3.46%	69994	15.31%
4	0	100000	103160	3.46%	80364	14.82%
5	0	100000	106730	3.46%	91869	14.32%
6	0	100000	110420	3.46%	104557	13.81%
7	0	100000	114250	3.47%	115763	10.72%
8	0	100000	118210	3.47%	129897	12.21%
9	0	100000	122310	3.47%	134428	3.49%
10	0	100000	126570	3.48%	139126	3.49%
11	0	100000	130970	3.48%	143995	3.50%
12	0	100000	135540	3.49%	149035	3.50%
13	0	100000	140280	3.50%	154251	3.50%
14	0	100000	145190	3.50%	159650	3.50%
15	0	100000	150270	3.50%	165237	3.50%
16	0	100000	155530	3.50%	171020	3.50%
17	0	100000	160970	3.50%	177006	3.50%
18	0	100000	166610	3.50%	183201	3.50%
19	0	100000	172440	3.50%	189613	3.50%
20	0	100000	178480	3.50%	196249	3.50%

可以看到，"封闭期"短的产品的现金价值是在匀速增长的，而"封闭期"长的产品虽然把前期的现金价值压得很低，但"表面"增长利率很

高，所以虽然第 6 年现金价值才超过本金，比"封闭期"短的产品晚两年，但在第 7、8 年的时候增幅分别高达 10.72% 和 12.21%，使得第 8 年的现金价值反而比"封闭期"短的产品高出了 11687 元，此时再把费用成本和保障成本的计算回归到正常逻辑，在同样 3.5% 的预定利率下，到第 20 年，"封闭期"长的产品的现金价值已经比"封闭期"短的产品多出了 17769 元，时间越久差距越大。

当然，这种情况并不绝对，有些"封闭期"长的产品，长期收益也不如"封闭期"短的产品，要根据产品具体分析。不过，现金价值是透明的，在选择产品时，如果消费者更看重产品的绝对收益，只要对比现金价值，计算实际复利或者 irr 即可（实际复利和 irr 最高只能做到趋近 3.5%），非常直观。

要注意的是，要让增额终身寿险的收益更好看，保险公司所采用的主要方法是在定价时压低费用成本的假设，这可能会给自身的经营带来更大压力。举个例子：假设保险行业每获取 10000 元保费收入的平均费用成本是 100 元，而东霓保险公司把预估的费用成本压低到了 50 元，从而提高了自家增额终身寿险的收益，使产品在市场上更具竞争力。但是，东霓保险公司实际上的费用成本达到了 120 元，每获取 10000 元保费就会产生 70 元的亏损，需要靠投资收益来弥补，而投资收益能否补得上这个窟窿，还是未知数，加上每年还要按 3.5% 的利率给客户计息，在目前的大环境下，压力还是挺大的，不排除造成公司长期亏损的可能性。相反，北彩保险公司保守一些，把预估的费用成本定在150元，虽然产品的收益要低一些，但公司亏损的可能性要小很多，经营相对更稳健。对于消费者来说，这两者如何取舍，需要自己评估决定。

了解了增额终身寿险的本质后，就不难发现，只要采用同样的产品设计逻辑，万物皆可"增额终身寿"。比如只要把两全保险的保险期间设置到105岁，消费者基本上是不可能拿到满期金的，满期给付成本对现金价值的影响几乎为零，一样可以做到增额终身寿的效果；再如，只要把身故保险责任换成长期护理保险责任，护理保险（保险期间为终身）也可以做出增额终身寿的效果，很多健康险公司就是这样操作的（因为健康险公司只能经营健康保险业务，不能销售终身寿险和两全保险，为了提升保费规模，会采用这种方式）。

从理论上来说，甚至重疾险也可以做成增额终身寿的形态，只不过将重疾险也扭曲成类理财产品，实在太没底线，而且也没必要，所以很少有保险公司敢进行这样的"创新"。

增额类产品的价值

万物皆可"增额终身寿",并不是要批判增额终身寿险,只是想告诉你"增额"的本质。相反,这类产品在家庭资产配置中有其独特的价值,即收益全部体现在现金价值中,百分百确定,而且现金价值表会附在合同中,也就是说,从消费者交纳第一笔保费那一刻起,就可以清楚地看到任意年份的收益。这种确定性,尤其是长期确定性,其他任何金融产品都不可能做到。

不能战胜通胀的储蓄和投资是没有实际意义的,"增额"类产品的实际收益不到3.5%,并不算高,即使它是确定的,好像也很难跑赢通胀。消费者一旦陷入这样的纠结,就很容易忽略一个事实,那就是<u>无论做怎样的投资组合,都没办法确保战胜通胀</u>。这可能令人有些沮丧,但是,当我们知道孩子要结婚的时候,自己要退休养老的时候,一定有一笔确定的、差不多够用的钱在那里,也许就能够更平静地看着自己700元买的茅台股票跌到400元,然后等来它2500元的那一天。所以关于通胀问题,我对"增额"类产品的看法是:它不能百分之百帮助我们战胜通胀,但可以帮

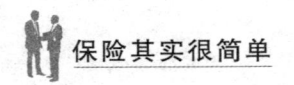

助我们提高战胜通胀的概率。

另外，市场上的"增额"类产品最高投保年龄可以达到80岁，健康告知的要求也相对宽松，对于年龄比较大，已经无法投保普通终身寿险，对有财富传承需求的人群来说，就多了一个按照自己意愿安排身后事的选择。因为只要明确指定了受益人，没有发生受益人丧失受益权等特殊情况，身故保险金就不会计入遗产，不管是否有继承纠纷，都会直接赔付给受益人。至于保险圈里经常讨论的规避遗产税问题，那是后话，不过预测未来很难，在力所能及的范围内事先做一些准备，总没坏处。

增额类产品和年金的区别

"增额"类产品还具备"减保"（部分退保）功能，可以通过减少保额领取其对应现金价值的方式，从保险公司"取钱"。这一点跟年金保险非常相似，但消费者可以自己决定减保的时间、次数和金额（各家公司的减保规则不同，具体以条款为准），掌控感更强，形式更灵活。

既然如此，那我为什么还要买年金保险呢，"增额"类产品不是更香吗？很多消费者都会有这样的疑问。

下面，我们通过一款养老年金保险和一款增额终身寿险的对比，来回答这个问题：

注：这两款产品的收益都处于当时同类产品第一梯队水平，以30岁的王富贵，年交保费2万元，5年交为例。

表7–4　养老年金保险和增额终身寿险（不减保领取）的比较

保单年度	年末年龄	养老年金保险				增额终身寿险			
		现金价值（元）	生存利益		身故保险金（元）	现金价值（元）	生存利益		身故保险金（元）
			养老年金（元）	累计养老年金（元）			减保领取（元）	累计减保领取（元）	
30	60	230426	16560	16560	314640	258623	0	0	258623
35	65	189595	16560	99360	231840	307130	0	0	307130
38	68	172114	16560	149040	182160	340498	0	0	340498
40	70	159370	16560	182160	165600	364734	0	0	364734
45	75	125344	16560	264960	66240	433138	0	0	433138
46	76	118609	16560	281520	49680	448286	0	0	448286
47	77	112108	16560	298080	33120	463964	0	0	463964
48	78	105981	16560	314640	16560	480190	0	0	480190
49	79	100405	16560	331200	0	496983	0	0	496983
50	80	95606	16560	347760	0	514362	0	0	514362

可以看到，养老年金保险从60岁开始领取，79岁时，一共领走331200元（共领取20次），如果此时退保，加上现金价值100405元，一共可以拿回431605元，而增额终身寿险此时的现金价值是496983元，好像看起来更划算。但不能忽略的是，增额终身寿险没有做过减保，现金价值是一直在累积的，而养老年金保险从60岁开始每年会给付给王富贵16560元，还应该将这笔钱的时间价值计算在内。哪怕就按照进入"万能

账户"，以 2.5% 的最低保证利率结算，累计到 79 岁时，就能达到 418789 元（为便于阅读，"万能账户"的金额未在上表中体现），再加上现金价值 100405 元，一共可以拿回 519194 元，比增额终身寿险要高出 4.5%，如果中途"万能账户"的结算利率再提高一些，累积的金额会比增额终身寿险高得更多。

之所以用养老年金领取 20 次这个时间节点做比较，是因为这款养老年金保险有一个"保证领取 20 年"的保险责任，即只要已经开始领取养老年金，就一定保证给付 331200 元（16560 元/年×20 年），比如王富贵 60 岁时，刚领了第一笔 16560 元就不幸去世，保险公司就会把剩余的 314640 元给付给他指定的受益人，而如果购买的是增额终身寿险，60 岁去世，就只能赔付 258623 元，直到 68 岁的时候，增额终身寿险的身故赔付才会超过 331200 元，达到 340498 元，但此时养老年金的"万能账户"总额（依然按照最低保证利率 2.5% 计算）加上身故保险金一共是 345358 元，比前者还是要略高一些。因此在这段时间，无论是生存给付，还是身故保障，都是养老年金更好。

不过，这款养老年金一旦过了 20 年的保证领取期间再身故，保险公司就不会再赔付了。因此，很多所谓"专家"在培训业务员的时候，会告诉他们这是一个大坑，一定要让客户在这个时候退保，把 100450 元的现金价值拿回来，才是对客户负责任。

这个论调乍一看很有道理，因为按照前文的计算，保证领取期间结束，也就是王富贵 79 岁以后，"万能账户"中累积的年金总额是 418789 元（按照 2.5% 最低保证利率计算），如果身故不再赔付，王富贵的受益人能得到的钱就只有这么多，而增额终身寿险的身故赔付和现金价值一样，都是 496983 元，比养老年金高出很多。

但实际上，这恰恰暴露了这些"专家"南郭先生的真面目——我们姑且不去抬杠 20 年中"万能账户"的结算利率会不会一直按照最低保证利率结算，依然从养老年金的时间价值来考虑，只是换个角度，假设每年领取的年金没有累积在"万能账户"中，而是被用于生活开支，而增额终身寿险从 60 岁开始，每年同样减保领出 16560 元花掉，看看会发生什么变化。

表7–5 养老年金保险和增额终身寿险（减保领取）的比较

保单年度	年末年龄	养老年金保险				增额终身寿险			
		现金价值（元）	生存利益		身故保险金（元）	减保后现金价值（元）	生存利益		减保后身故保险金（元）
			养老年金（元）	累计养老年金（元）			减保领取（元）	累计减保领取（元）	
30	60	230426	16560	16560	314640	242063	16560	16560	242063
35	65	189595	16560	99360	231840	198666	16560	99360	198666
40	70	159370	16560	182160	165600	147128	16560	182160	147128
45	75	125344	16560	264960	66240	85923	16560	264960	85923
49	79	100405	16560	331200	0	28792	16560	331200	28792
50	80	95606	16560	347760	0	13238	16560	347760	13238
51	81	90855	16560	364320	0	−2859	16560	364320	−2859
52	82	86164	16560	380800	0	——	——	——	——
60	90	52066	16560	513360	0	——	——	——	——

从表中可以很清楚地看到，到 79 岁的时候，增额终身寿险的现金价值只剩下 28792 元，身故赔付也只有这么多，优势并不明显。而且，从 81 岁开始，增额终身寿险的现金价值已经不足以支撑每年 16560 元的减保领取，养老年金却可以一直领取，直到人不在了为止。

综上分析，可以理解为养老年金保险在保证领取的这 20 年中，保险公司已经把所有的保单利益给了王富贵，之后王富贵每多活一年，就多赚一年，活得越久赚得越多，即使确实发生了保证领取期间刚过就身故的小概率事件，也不算吃亏。当然，如果对长寿没有信心，79 岁以后也可以随时退保，拿回现金价值。

那么，为什么 80 岁之后，养老年金保险还可以做到一直领取，增额终身寿险就不行呢？因为增额终身寿险不仅现金价值超过保费（返本）的时间早，还可以随时减保领取，对于消费者来说，灵活性更强，但保险公司必须提取更多的准备金来应对，而养老年金保险在 60 岁之前，一分钱都拿不出来，全额退保又不划算，这笔保费保险公司大概率可以踏踏实实地用几十年，给消费者的回报就是：1. 活得越久领得越多；2. 保证给付 20 年。

并且，大多数保证给付 20 年的养老年金产品一旦过了保证给付期限，现金价值会直接归零，退保就没钱可拿了，而这款养老年金保险却还为消费者保留了现金价值的选择权，更加人性化。不过，这款养老年金保险同样早已停售，大家也不要浪费时间去打听了。

虽然年金保险的给付方式多种多样，但整体逻辑基本一致，在增额终身寿险和年金保险之间作选择的时候，可以结合自身需求，从灵活性和长期给付角度评估。不过如果遇到特殊产品，就要单独分析了，毕竟一本书不可能涵盖所有情况。

还有一些产品披着年金险的外衣，实质上是"增额"类产品。如何判断呢？有一个很简单的办法：只要现金价值超过保费的时间很早，比如三五年交，在10年内现金价值就能超过保费，还有减保功能，基本上就是"增额"类产品了，如果你更倾向于购买真正的年金保险，注意不要选错。

总之，"增额"类产品和年金保险各有千秋，没有绝对的好坏之分，都可以作为家庭资产配置的"安全垫"。只不过"增额"类产品的灵活性更高，对消费者的判断力和自控力提出了更高的要求；年金保险的长期收益更稳，但更加考验消费者的耐心和决心，如何选择，要根据个人情况决定。

第八章
选择"百万医疗"险的注意事项

注意可报销的项目和免责条款

如果说偏储蓄功能的顶流产品是"增额",那么偏保障功能的顶流产品就是"百万医疗"。

2016年首款"百万医疗"产品问世,一进入市场,就引起了巨大的反响。因为当时市场上普遍销售的"捆绑终身寿险的假重疾险"价格太贵,多数消费者无法买到充足的保额(前文已有分析),一旦遭遇大病,对家庭经济的支撑作用非常有限;而"百万医疗"每年只要交纳几百元的保费,就可以获得数百万元的医疗费报销额度,而且还不限医保,自费药基本上也能全额报销,有效缓解了"看病难,看病贵"等难题,消费者很容易接受。各家公司也纷纷跟进,"百万医疗"很快成为更有力的获客产品,迅速传播开来。

同时,随着移动互联网的快速发展,保险公司与互联网大厂进行深度绑定合作,从互联网平台获取更多新用户,进一步推动了"百万医疗"的普及,比如:支付宝的"好医保"系列,支付宝用户几乎都知道;再如,各大短视频平台和社交电商平台等渠道,也都充斥着"百万医疗"的内容，即使是一个对保险一窍不通的人，大多数也能脱口而出"保费低，保障高，医保不报我全报"等宣传话术。

但也正是这些话术，让消费者对"百万医疗"产生了过高的期待，引发了众多误导和投诉。其实，"百万医疗"虽然确实可以报销医保以外的很多费用，但也有限制，不同产品的保险责任也存在一定的差异，<u>不能简化为"医保不报我全报"</u>，比如药品费，<u>有的产品条款规定报销范围不包括营养补充类药品、免疫功能调节类药品、美容及减肥类药品、预防类药品以及中草药类药品；有的产品条款仅规定报销范围不包括中草药费用</u>。显然，后者的报销范围更广。再如，<u>有的产品在免责条款里会规定由于职业病、医疗事故引起的医疗费用不报销</u>；有的产品则没有这样的规定，如果有患职业病的风险，选择产品的时候就应该避开前者。

还要注意的是，<u>多数"百万医疗"都不报销院外购药</u>，但一般会提供一个癌症院外购药报销的可选责任，价格不贵，建议一定要选上。另外，所有的"百万医疗"都不报销病后的康复治疗费用，如果涉及器官移植，购买器官和器官运送过程中产生的费用也不报销，这都不是小钱，再加上康复期间的收入损失，这些都需要靠重疾险来解决，所以在重疾风险管理方面，"百万医疗"和重疾险是相辅相成的关系，不是互相替代，二者缺一不可。

不同产品的条款差异还有很多，报销限制也有很多，所以在购买

"百万医疗"的时候，不能只听业务员的介绍，也不能只看投保页面的产品宣传，一定要仔细阅读合同，尤其是各项医疗费用的释义和免责条款，如果看不懂，就找专业人士问明白，弄清楚哪些能赔哪些不能赔，充分保障自己的权益。

2021年，广州的一位女士就遇到了"百万医疗"理赔的尴尬。经过医院检查，她被确诊为乳腺癌，不仅切除了病变的乳房，还做了人工乳房植入，经社保报销后，需自费17000多元，但最终只得到500多元的赔付，引发了不小的争议。可是，根据条款，保险公司的赔付是合理的，因为这款产品的免责条款明确规定：除心脏瓣膜、人工晶体、人工关节之外的其他人工器官材料、安装和置换费用、各种康复治疗器械、假体、义肢、自用的按摩保健和治疗用品、所有非处方医疗器械都不能报销，人工乳房属于免责条款的范围，而且她做的是特需超声检查，这款产品对符合报销条件的医院也有明确规定：中华人民共和国境内（港、澳、台地区除外）合法经营的二级以上（含二级）公立医院的普通部（不包含其中的特需医疗、外宾医疗、干部病房）。所以特需超声检查的费用也不能报销，再扣除1万元的免赔额（市面上的"百万医疗"基本上免赔额都是1万元，但如果是癌症等合同中约定的重疾，理赔的时候可以不计免赔额），剩下能报销的就是500多元。现在搜索"200万保额赔500元"，依然能找到当时的报道。

注：免赔额指虽然属于保险责任，但保险公司不赔付，依然需要由消费者自己承担的部分，目的是降低保险公司的成本。普通的"百万医疗"价格便宜，很重要的一点原因就在于1万元的免赔额。另外，该1万元为年度相对免赔额，即如果王富贵意外受伤，通过社保报销之后，自费8000元，保险公司此次不赔付，年度免赔额相应减少为2000元；后来王富贵再次意外受伤，通过社保报销之后，自费3000元，则此次保险公司赔付1000元。

在三甲医院做过超声检查的朋友可能都有经验，如果患者很多，普通部的超声检查排队时间一般都比较长，而乳腺癌的治疗时间不能耽误，为了尽快检查，可以选择特需超声；而且爱美之心人皆有之，植入人工乳房也有助于维护这位女士的自信，更好地进行术后康复，所以她选择的医疗方式完全可以理解，只是很可惜，买错了保险产品，如果她购买了保险业内俗称的"中端百万医疗"，特需超声费用是可以报销的，因为这类产品的报销范围虽然也限制在二级及以上公立医院，但特需门诊或病房（包含特需医疗、外宾医疗、干部病房、VIP病房等）发生的医疗费用也都可以报销，而且有些"中端百万医疗"的条款还规定：被保险人在医疗上必要的，由主诊专科医师推荐的，由手术植入的，非美容目的的晶体、支架（不包括牙套）、起搏器、假肢或类似整形外科器具和植入物的费用都可以报销，而人工乳房植入并不仅仅是为了美观，更是对患者心理健康和生活质量的重要治疗措施，所以相关费用也应该可以争取报销（此处在理赔实务中可能存在争议，仅代表我个人观点）。此外还有"高端百万医疗"，除了高级病房外，还可以选择到私立医院甚至国外医院治疗，医疗费用的报销范围也更广，只不过一分价钱一分货，价格更贵，尤其是"高端百万医疗"，还有年保费几万多元的产品，消费者需要根据自己的需求和经济能力作出选择。

其实，正常情况下，只要符合保险责任，各保险公司的理赔速度都很快，只要是拒赔的，一般都有正当理由，比如：上文中明确属于免责条款的现象；凡是理赔慢的，都是因为有疑点或情况比较复杂，需要仔细核实情况。比如被保险人不巧刚过等待期就出险，金额还比较大，以及被保险人有过医保卡外借，出现了医疗记录和健康告知不符等现象。而且保险理赔的金额往往比较大，如果不加以甄别，连带着骗保目的的消费者也要正常理赔的话，可能会对保险公司的利润有很大影响，甚至造成亏损，导致分红险的可分配红利减少，消费者的利益也会受损。所以，保险公司认真履行理赔查勘职责，"不错赔，不滥赔"实际上是在保护"守规矩"的消费者的合法利益，希望大家理性看待。

不过，理赔的时候偶尔也会遇到"不正常现象"，某公司曾有一次拒赔，对外宣称不符合赔付标准，其实真正的原因是大老板一言堂，觉得不应该赔，确实有些奇葩，但只要通过正当渠道投诉维权，就能妥善解决这些问题，并不需要太担心。

另外，互联网平台宣传百万医疗险的时候，往往会用"首月0元"的方式来吸引客户，这是因为百万医疗险的等待期一般都是30天，等待期内出险，保险公司可以不予赔付，所以在把年保费分摊到每个月的时候，首月可以不用分摊，消费者从第二个月开始交纳保费即可。

"百万医疗"的续保问题

"百万医疗"的续保问题，也是消费者非常关注的问题。因为患重疾后，要想扛过去，需要跟病魔作长期的斗争，费用也相当高，如果不能续保了，怎么办？

对于这个问题，其实目前还没有百分百的解决方案。我们从"百万医疗"的续保方式来看：

1. 长期保证续保

产品名称通常是"××长期医疗保险（费率可调）"，所谓费率可调，简单来说就是保险公司有涨价的权利，条款里有明确的约定，只不过该项约定涉及专业术语，消费者不需要了解得那么清楚，只要知道不能随便乱涨就行；如果你有打破砂锅问到底的精神，可以到网上自行搜索，这里我就不占用过多篇幅了。

这类产品的保证续保期间一般是20年，在这20年内，只要理赔金额没有达到累计上限（一般是800万元，具体要看合同条款），不管理赔过多少次，产品是否停售，都必须给客户续保，不折不扣地承担保险责任，<u>但20年保证续保期间一过，就要重新投保，需要重新作健康告知，只有符合投保条件，才能继续投保</u>。如果不巧在第20年得场大病，很可能就不能再续保了。因为一旦续保，保险公司就必须再保证续保20年，几乎是一笔稳赔不赚的买卖。另外，即使这20年中没理赔过，但是随着年龄的增长，健康状况大不如前，届时也可能无法重新投保了。

2. 不保证续保

这类产品只要发生了理赔，下一年能否续保，要看保险公司怎么想。保险公司如果觉得风险太大，可能就会直接拒保或除外承保；如果觉得风险可控，或者认为继续承保有不错的宣传效应，就当是做广告了，可能也会再续一年。只是主动权掌握在保险公司手里，消费者难免会觉得不放心。

但这类产品也有好处，就是一般情况下只要没发生重大理赔，保险公司就会默认续保，不需要重新告知，即使产品停售，也会推出新产品供消费者转保，毕竟各家公司都有"百万医疗"，保险公司也不愿意把客户白白送给竞争对手。所以，即使消费者患有小病小灾，年纪大了以后，能正常续保的概率也比较大。不过，也不能完全排除一种可能性，就是随着大数据技术的发展，保险公司会具备更强的分析能力，快速甄别投保这类"百万医疗"人群的年龄分布，如果判断默认续保风险较大，也可能要求风险较高的客户重新作健康告知以后才能续保。

所以，购买保证续保 20 年的"百万医疗"，年轻的时候处在保证续保期间，确实比较放心，但等 20 年以后年龄大了，得大病概率更高，很可能反而无法重新投保了；而购买不保证续保的"百万医疗"，只要不发生什么大事，即使上了年纪，还可以默默续保，一旦出事儿，至少还能赔一年，但万一年轻时得了重疾，指望保险公司一直续保，帮你出钱就不太现实了。

当然，保险公司只是出于控制自身经营风险的考虑。如果你实在纠结，也可以将两种"百万医疗"各买一款。虽然要多出一份钱，且不能重复理赔，看上去有点儿浪费钱，但如果这样做能让自己更安心，倒也值得。

另外，仅报销癌症医疗费用的"百万医疗"可以终身保证续保，虽然保障范围大幅缩小，但保费不贵，而且健康告知更加宽松，对于尤其关注癌症风险的消费者来说，这种产品是一个很好的选择。

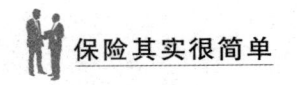

建议人手一份"惠民保"

最近几年,很多城市大力推广的"惠民保",官方名称叫"城市定制型商业医疗保险"(各个城市定制的名称不同,比如:北京的叫京惠保,上海的叫沪惠保,杭州的叫西湖益联保,无锡的叫医惠锡城等,统称为"惠民保"),其实也是一种"百万医疗",保障范围几乎跟普通版"百万医疗"如出一辙,但<u>不限投保年龄,不限健康状况,没有等待期</u>,即使是得过癌症的人,也可以投保,哪怕今天投保明天就住院治疗,照样可以报销,只不过免赔额(一般是 2 万元)高一点,报销比例低一点,跟普通版"百万医疗"的报销流程一样,"惠民保"一般要先通过医保报销,再减去免赔额以后,剩余的费用可以报销 20%—30%,如果没有得过癌症这类严重的既往症,报销比例一般在 60%—70%(具体的免赔额、报销比例和既往症定义要看当地"惠民保"的条款),每年保费只有百十元(各城市价格有差异,大多在 50—200 元之间),还可以直接从医保卡扣费,即使是老年人群和带病人群,也完全有能力支付,还可以有效减轻大病医疗的负担。

很多保险自媒体会告诉消费者，由于不能重复报销，如果能正常投保普通版"百万医疗"，就不需要再买"惠民保"。从理论上来说确实如此，但是，我真诚地呼吁大家，只要你所在的城市有"惠民保"产品，即使你已经买过"百万医疗"，也建议人手一份"惠民保"。因为"惠民保"虽然是由保险公司承保，但它几乎完全脱离了保险产品正常定价的逻辑，实质上已经不是正常的商业医疗保险了，而是为了缓解医保压力，政府牵头，保险公司出钱兜底，共同打造的一个社会福利项目，甚至有些地方政府明确要求"惠民保"的赔付率要达到85%—95%，还有一些城市为了加快理赔速度，提升理赔体验，推行理赔一站式结算流程，即医保局定期给保险公司发送理赔账单大数，保险公司据此进行理赔款结算、入账，但根本不知道谁出险、什么原因出险、具体医疗项目是什么，这相当于剥夺了保险公司核赔的权利，导致很多不合理的、不符合条款约定的医疗项目也能得到赔付，加重了保险公司的负担。

如果参保的全都是高龄群体和带病群体，从长期来看，保险公司必然会产生巨额亏损，也会影响到其他消费者的利益，这是大家都不能接受的。为了尽可能地避免这种情况，各地的"惠民保"都由多家保险公司共同承保，且占大头的都是我们耳熟能详的大公司，如果不小心赔穿了，大家还可以分摊一下，可要是长期如此，谁也受不了，届时保险公司就只能提高保费，但这又可能导致更多的人退出"惠民保"，形成"死亡螺旋"，最终导致"惠民保"彻底流产。

如果更多健康的、正常投保过"百万医疗"的人群参与进来，即使他们发生理赔，通过"百万医疗"就解决了，不会用到"惠民保"，这样就能缓解保险公司的赔付压力，所交的保费相当于补贴了不能投保"百万医疗"的高龄群体和带病群体，有助于"惠民保"长期持续发展。反正也没几个钱，就当捐款做善事了。况且谁家没有老人呢？所以，人手一份"惠民保"，确实是一件助人助己的事情。

另外，如果想报销金额较小但发生频率可能较高的医疗费用，尤其是给容易生病、磕碰的孩子购买，可以选择保额在1万元以内的小额医疗险，只要注意报销范围和免责条款，按需投保即可，这里就不再赘述了。

第九章
选择保险产品的其他注意事项

不要轻信保险公司的奖项

如果完全理解了以上内容，相信你对自己应该买哪些保险已经心中有数，没有人能靠摇唇鼓舌忽悠你了。也不妨再曝光得彻底一点，如果业务员告诉你"我司的产品获得过××大奖"，先别忙着签单，这些奖项都是花钱买的，圈子里攒个局自嗨一下，不具备参考价值，更不值得为此付出溢价。不过，这种行为也不应该被苛责——哪个行业不做广告呢？

增值服务是锦上添花

重疾绿色通道、医疗费用垫付、紧急救援、健康管理、高端礼宾等增值服务确实有用，但不是某家公司独有的核心竞争力，基本上都是从供应商处采购，多家公司共用一家供应商的情况很常见。虽然各家公司采购的服务项目不尽相同，价格有差异，但区别一般不会特别大，不足以让自家的产品比别人贵出太多。如果某个产品的某一项增值服务确实比较稀缺，也符合你的需求，但价格比同类产品贵得多，建议按照可享受该服务的最低标准投保即可，毕竟一旦出险，还是充足的保额更有用。

当然，前文也多次强调，价格不是衡量产品好坏的唯一标准，关键在于买得明白，只要能满足个人需求，又能支付得起，就是好产品。

到底选大公司还是小公司

接下来还有一个老生常谈的问题——买保险到底应该选择大公司还是小公司？

这个问题的背后其实是消费者在性价比和安全感之间的纠结，就目前来看，中小公司产品的性价比相对更高，但消费者往往会担心它们的安全性，万一破产了怎么办？大公司则相反，比较让人放心，但产品性价比实在差了点儿。

大公司的业务员会告诉消费者，我们的品牌更大、服务更好、实力更强，买保险就是买个安心，肯定买大牌子，小公司都不靠谱；而小公司的业务员则会搬出《保险保障基金管理办法》和《中华人民共和国保险法》

第九十二条来反击——这是赤裸裸的诽谤！即使我们不靠谱，法律也会保护保险消费者的利益，产品好才是王道。

其实，如果要抬杠，这两种说法都不一定站得住脚，谁说大公司一定不会破产的？又是谁说法律一定不会修改的？把目光局限在公司大小上，很容易陷入没完没了的争论。

我们试着从宏观一点的视角来理解这件事。众所周知，大病医疗和个人养老是两大事关国计民生的问题，仅靠社保难以根本解决问题已经是一个基本共识，必须有商业保险的参与，所以这些年国家一直在不断强调并支持商业养老和商业大病保险的发展。从这个角度来说，持续树立全社会对保险行业的信任是必然导向，偶尔的销售误导、故意欺骗消费者等现象在任何行业都不可能杜绝，只要及时处理，保障好消费者的权益即可。但是，不能出现寿险公司破产这类事件，因为一旦进入破产程序，要想维护被保险人和受益人的合法权益，很可能不会像嘴上说说那么容易，因为保单持有人不是唯一的债权人，处理起来很复杂，即使保单利益能兑现，时效性也可能受到影响，这个过程也是一种煎熬。

所以，在未来很长一段时间内，无论规模、品牌大小，消费者应该都不需要担心保险公司破产的问题，也因此近些年在保险行业，<u>出现了一个很有趣的现象：业务员在销售收益更激进，会给保险公司带来更大经营</u>

压力的"理财型保险"（以增额类产品为代表）时，一边强调国家要在金融行业打破刚兑，一边又坚定地相信，或者说寄希望于国家对保险产品刚兑，尤其是对潜在风险已经较大的保险公司刚兑。

我个人认为，保险公司总有一天要自担破产风险，也不排除保险公司破产以后，所销售的"理财型保险"固定收益也无法全额兑付，只保障本金安全的可能性（真正的养老年金保险不在此列），只是这一天应该还很遥远，而只要这一天没有到来，所有人就相信它不会发生，所以在销售"理财型保险"的时候，有些业务员就有底气只讲收益，不谈风险。我个人认为，这也不是一个健康现象。

至于"保障型保险"，事关老百姓的生命健康保障，不容有失，而且与"理财型保险"相比，"保障型保险"的保费规模和利差损风险要小得多，所以即便保险公司破产，只要履行完所有流程，其他公司接手之后，合同约定的保障应该不会打折扣。但如果消费者不巧在保险公司破产期间出险，能否及时获得赔付则有待商榷，毕竟没有先例，也暂时没有官方的权威解释，所有分析都是基于个人理解的纸上谈兵，无法定论。

另外，分红、万能等产品的浮动收益本来就是不保证的，即使保险公司是被接管，接管以后按照最低标准执行，也完全合理合法。

所以我的建议是:"保障型保险"和把固定利益白纸黑字写在合同里的"理财型保险",可以结合自身的风险偏好,谨慎选择,不看公司背景,追求保费最便宜或收益最大化;而涉及浮动收益的"理财型保险",最好选择经营风格比较稳健的公司(不一定是大公司)。

要了解各家保险公司的基本经营情况,可以参考它们在保险行业协会官网上公布的偿付能力信息披露报告,每个季度都会公布一次。

查询网址:http://icidp.iachina.cn/?columnid_url=2015120115460095

买错了保险,要退保重新买吗

如果你觉得之前的保险买错了,尤其是在"保障型产品"的选择上不合理,打算退保重新购买,有三个事项要注意:

1. 关注一下自己的身体状况,如果有些指标出现了异常,可能会被除外承保甚至直接拒保,这时候最好不要动退保的念头,只要在原有基础上尽可能做补充即可。

2. 购买了新产品,过了等待期后,再退现有的。否则,在等待期内出险,保险公司是不赔的,这就得不偿失了。退现有产品的时候,可以等到交续期保费的宽限期以后再退,把保障杠杆用足。

(注:宽限期为60天,从客户的保单应该交续期保费的第二天起计算。如果在60天之内没有交费,一旦出险保险公司依然要赔付,只是在赔付时要扣除欠交的保费。)

3. 不要找代理退保的中介来处理退保事宜。代理退保会涉及很多非法手段,已经被定义为黑产,通过他们退保,很可能惹上不必要的麻烦,还会被收取高额手续费,同样拿不回全部本金。如果认为自己投保的时候被忽悠了,可以通过合法途径维权,比如拨打 12378 投诉热线。

保险经纪人不一定客观中立

还要提醒的是,从名词定义上来说,"保险经纪人"代表的是消费者利益,应该站在消费者一边,帮助消费者在多家公司中选择合适的产品,听上去似乎更客观,很多经纪人也会打着这个旗号标榜自己。但事实上,经纪人并不是从消费者那里收取服务费用,而是和代理人一样,从保险公司获取销售佣金,那么,他究竟会选择佣金更高的,还是更适合消费者的产品来推荐也很难说。

另外,有些保险自媒体经常攻击保险公司金字塔式的业务团队架构,宣扬这种"类传销"的提成模式推高了保险公司的成本,导致线下保险产品价格更贵，尤其是大公司，而互联网保险不存在这样的问题，所以保费更便宜。

这纯粹是一派胡言，因为保险公司在业务员身上付出的成本，本质上是获客成本，尽管看上去确实很贵，但对于保险公司而言，这已经是成本相对更低的，或者说效率更高的了。实际上，多数保险自媒体的背后也是保险经纪公司，否则没有销售资质，而保险经纪公司向保险公司收销售手续费时，可没少狮子大开口，同类型产品，经纪人拿到的佣金甚至有可能更高。这些自媒体之所以这么说，并不是因为自己有多正义，而是因为大公司的高佣金产品几乎不会通过他们销售，而且大公司的消费者受众更多，通过攻击大公司的方式更容易吸引流量，还可以给自己树立一个"敢说真话的勇士"的人设，获取消费者信任。当然不能否认的是，大公司的产品确实比较贵，保险公司的"增员"（招业务员）机制也确实有"割韭菜"的成分，但为了销售自己的产品，故意歪曲事实，制造对立来诱导消费者，吃相就有点难看了。

很多保险自媒体还经常用这类话术吸引消费者："我们测评了市场上的几百款产品，从中选出了最能打的几款。"听一听就可以了，不要当真——如果某家公司的产品非常好，但是他们没有代理销售权限，根本就不可能推荐给消费者，也没有测评的必要。当然，这不代表他们推荐的产品不好，只是主观性也很强。

所以，在目前的保险市场环境下，代理人和经纪人本质上没有区别，业务员是什么身份并不重要，销售渠道是线上还是线下也不重要，消费者自己具备判断能力才更重要。

附录

保险配置方案的实际案例

最后，我从咨询过我的消费者当中选择了一些有代表性的案例供你参考，希望对你有所帮助。先说明一点，同类产品分几家公司购买的原因，有的是根据消费者的预算做了取舍，有的是保险公司设置了产品的保额上限，不一而足，如果每个案例都用文字把这些细节全部还原出来，过于拖沓，因此仅参考整体配置思路即可。

注：案例中的人名均为化名。

保险其实很简单

案例一：一线城市初入社会的应届生

23岁的刘顿来自贵州毕节的小镇，毕业于广东的一所重点大学，父母都是老实本分的农民，弟弟妹妹还在读中学，成绩都不错，一家五口的日子虽然过得有些清苦，但挺有奔头。为了尽快帮父母减轻负担，刘顿放弃了考研，计划先去深圳就业，而他运气还不错，找到一份月薪8500元的工作，扣除五险一金，到手还有7000元多点。虽然比不了腾讯、华为等大厂的应届生，但也不算差，刘顿很满足。

为了省钱，刘顿在城中村租了一个单间，租金每月800元；生活费尽量压缩在1500元内；给父母2000元贴补家里，剩下3000元自己存起来，攒点积蓄，以后再做打算。

后来，刘顿偶然间看到同事在朋友圈转发的水滴筹，引发了对重疾风险的担忧——弟弟妹妹还小，自己刚能回报父母，万一出事了，怎么办？

所以，刘顿对重疾保额的需求很高，但他的可支配收入十分有限，不愿意也不能花太多钱，就只能缩短保险期间，减少保险责任，把钱用在保额上。最后，他选择了一款交20年保20年的"不捆绑终身寿险的真重疾险"，只保重疾，保额 50 万元，年交保费 620 元；为了补充一点轻症保障，还购买了 30 万元保额的一年期重疾险，轻症可以赔 30% 保额（9 万元），年交保费 183 元。而对于"百万医疗"，他选择了最基础的版本，年交保费 218 元。这样算下来，只要花 1021 元的保费，就基本配齐了应对重疾风险的保障。

当然，刘顿也没有忽略身故风险，如果自己哪天真的出了事，起码要给父母留笔钱，报答他们的养育之恩，于是他选择了 100 万元保额的定期寿险，交 20 年，保 20 年，年交保费 382 元。此外，他还选择了一款 50 万元保额的意外险（包含 3 万元意外医疗和 150 元／天的意外住院津贴），保费 180 元。

全部保费共计 1583 元，如果刘顿的可支配收入按每月 3000 元来计算，每年就是 36000 元，保费占比只有 4.4%，对他的生活质量和存钱计划几乎没有影响，保障也基本充足。

刘顿每个月给家里的 2000 元，我建议他拿出一小部分，给每个人都购买一份"百万医疗"，再给弟弟妹妹买一份重疾险；但问题在于，给弟弟妹妹购买，需要父母作投保人，可是老两口几乎没有保险观念，保费再便宜也觉得是浪费钱，只能先让刘顿慢慢做他们的思想工作。

父母的"百万医疗"，刘顿可以作投保人，偷偷给他们购买，只不过保费贵一些，需要 2000 元出头。刘顿开始时有点儿犹豫，不过最终还是决定购买。因为他的收入毕竟还有提升的空间，而父母如果真的得了大病，现在这点儿钱根本就不够用。把这笔保费算在内，在年可支配收入中的占比会上升到10%，也不是不能接受。

案例二：四线城市的国企小两口

28岁的严伯虎和26岁的冬香都是独生子女，结婚不到三年，生活在中部地区一个四线城市。结婚时男方父母支持了婚房，女方父母支持了婚车。而且，双方一家三代人都是当地国企职工，祖辈、父辈都有稳定的退休工资，不需要他们赡养，必要的时候还能帮一把，所以小两口月工资虽然不算高，加起来到手也就6500元，但没有债务压力，在当地生活得也挺安逸，小日子有滋有味，还攒了几万元钱。

对于他们来说，可能造成重大经济损失的风险就是重疾，因为一旦有一方发生重疾，家庭收入很难支撑巨额的医疗费用和康复费用。至于身故风险，对家庭经济的影响并不大，主要造成的是精神伤害，这就不是保险能解决的问题了，所以小两口优先要解决的就是重疾风险。

首先必备的是"百万医疗"，他们当时买保险的时候，还没有出现保证续保20年的产品，而他们更关注年轻时候的重疾风险，于是近期选择了一款保证续保20年、保额200万的"百万医疗"，替换掉了以前的产品。此外，如果确实发生了风险，他们还希望尽可能有好一点的医疗条件，所以除了基础保障外，还增加了特定疾病入住公立医院特需病房费用报销的责任，两个人保费一共1054元，基本上可以覆盖重疾治疗费用了。至于康复费用和收入损失，靠重疾险的保额来解决。虽然"百万医疗"有1万元的免赔额，但他们认为1万元钱以内的医疗费用自己承担得起，发生概率也不大，就没再购买小额的医疗险来补充。

他们的税后年收入大约78000元，每月最基本的开支大约2000元，可支配的年收入以大约55000元为参考标准，我给他们提供了几个方案，他们最终选定了一款重疾险，50万元保额，轻症赔付比例25%（也就是赔12.5万元），保到60岁，交到60岁，充分拉长交费时间，最大限度地减轻保费压力。年交保费严伯虎2000元，冬香1425元，合计3425元。

之所以没选择保终身，甚至没选保到70岁，而且轻症赔付比例在同类产品中不算高，也没有这两年新出的中症保障责任，是因为他们的预算有限。选择轻症比例再高一点，加上中症责任，还要保终身，两个人的年交保费就会过万，而保到70岁的重疾产品基本上都要求捆绑身故责任，相当于还要购买一个保到70岁的定期寿险，两个人年交保费几乎达到八九千元，他们觉得压力有点儿大，因为一旦有了孩子，开销的地方还很多，虽然双方父母都能给些支持，但小两口还是想尽可能靠自己。他们还认为，发生中症的概率不大，即使倒霉遇到了，以家里的经济条件也能应对。

我本来建议他们将这款重疾险交到 70 岁并保到 70 岁，两个人年交保费 5040 元，只比保到 60 岁贵 1615 元，也能承担，但他们觉得重疾的保额更重要，因为万一自己在孩子还小的时候得了重疾，会希望尽可能延长生命，多陪伴孩子，不给孩子的成长增加负担，所以他们更愿意把这笔钱用在增加重疾保额上。于是，每人又购买了一款一年期定期重疾，保额 50 万元，首年保费严伯虎 405 元，冬香 455 元，合计 860 元，这样两个人的重疾保额就都达到了 100 万元，保障更充足。而且，年轻时一年期重疾险的保费阶段涨幅不大，他们完全负担得起。至于 60 岁以后的重疾风险，他们决定未来根据自己收入和家庭财富的增长状况，再做打算。

此外，虽然身故风险不会造成太大的损失，但小两口还分别给自己购买了一个 50 万元保额的定期寿险，交 20 年保 20 年，年交保费合计 510 元。因为孩子出生后，万一自己真不幸挂了，起码可以给孩子留笔钱，也算对自己有个交代。

总体算下来，年交总保费 5849 元，大约占家庭可支配收入的 10.6%，夫妻双方每人就能拥有 200 万元的住院医疗保障，100 万元的重大疾病保障，以及 50 万元的身故保障，负担适中。另外，他们每年还拿出 1 万元，购买一款增额终身寿险，10 年交费，提前给孩子攒笔钱。这样一来，每年可自由支配的收入还有大约 4 万元，可以做些其他投资，慢慢积累财富。财富总量增加，以后的选择会更多，可以根据情况再加保，也可以适当提升生活质量，无后顾之忧。

除了他们二人，双方父母也替换了同款的"百万医疗"，首年保费都是1895元（没有增加特需责任）。虽然我开始建议买"百万医疗"的时候，他们觉得有点儿贵，但了解了具体的保险责任，知道能大大减轻孩子的负担，老人就欣然同意了。比较幸运的是，他们年纪都还不算大，身体状况也不错，符合健康告知的要求，否则这方面的风险就只能靠"惠民保"了，报销比例会少很多。

案例三：一线城市打拼的夫妻俩

33 岁的牛斯克和 31 岁的刘秋香夫妻俩是浙江人，在上海工作打拼多年，暂无子女，牛斯克税后收入 30 万元，刘秋香税后收入 20 万元，是同龄人中的佼佼者。他们对生活品质有一定要求，也有生育计划，为了尽量一步到位，买了一套地段不错的学区房，结果不但掏空了双方长辈的钱包，还贷了 270 万元，30 年期，每年要还将近 16 万元，刚还了 3 年，再加上未来面临的高昂教育成本，虽然收入比较高，但压力也不小。好在两个人都是独生子女，双方父母都有退休工资，赡养负担要小很多。

以目前的情况来看，如果任何一方不幸患了重疾，都会直接导致家庭经济的崩溃。两口子知识水平和认知层次都不低，很清楚这一点，也不避讳，希望把重疾保额买高，最好能完全覆盖房贷。因为天有不测风云，短时间内一旦出问题，麻烦就大了。

这样的优质客户，业务员趋之若鹜，但给他们推荐的都是"捆绑终身寿险的假重疾险"，如果两个人都想买高达 270 万元保额的重疾，姑且先不考虑体检结果是否允许，价格就足以将他们劝退了。因为各家公司给出的方案，最便宜的一款，两个人加起来一年也得 12 万元，而扣除房贷这种刚性支出后，两个人到手的收入大约还有 35 万元，再扣除日常生活、娱乐等花销，一年可支配的收入最多只有 28 万元，怎么可能拿出 12 万元来买重疾险？

按照保障型保险每年家庭保费支出不超过可支配收入 15% 的参考标准来看，牛斯克和刘秋香每年的保费应该控制在 4.2 万元以内，"捆绑终身寿险的假重疾险"能买 90 万元保额左右，看上去也不低，但万一短时间内出险，根本就不够用。所以，在我的建议下，他们最终选择了以下方案：

首先，购买"不捆绑终身寿险的真重疾险"。两个人先各自购买一款 50 万元保额，保终身的产品 A，轻症每次赔 22.5 万元，中症每次赔 30 万元，如果 60 岁之前患重疾，重疾可以额外赔 80%，也就是说可以赔到 90 万元。另外，他们认为癌症的复发概率比较高，于是增加了癌症二次赔付的保险责任。30 年交费，两个人保费一共 13710 元。

其次，两个人各自购一款 50 万元保额，只保重疾的产品 B。因为产品 A 中轻症、中症的赔付金额已经足够高，他们又不指望靠得病来赚钱，没必要在这两个保险责任上浪费成本。同样保终身，30 年交费，保费一共 9290 元。

此外，公司还给他们二人分别购买了商业团险，其中包含 20 万元保额的重疾，虽然不能保证在公司干到退休，但他们认为近期还比较稳定。

把这个保障也计算在内，两个人60岁以前的重疾保额就达到了160万元，再各自购买150万元保额的1年期重疾，保费一共3510元。这样算下来，在60岁之前，二人的重疾保额都达到了310万元（其中个人商业重疾险290万元），60岁之后也确保了100万元重疾保额，首年保费一共26510元。

此外，我还给他们提供了另外一个重疾方案：购买100万元保额保至70岁的重疾和100万元一年期重疾来搭配产品A。但他们觉得按照这个方案，70岁以后重疾保障就只剩下50万元了，在整体预算相差不多的情况下，一年期重疾短期内停售无法续保的概率不大，即使发生了，也有比较充足的调整空间。因此，他们更愿意接受这个不确定性，来换取老年以后的100万元重疾保障。

身故风险同样用定期寿险来解决。牛斯克和刘秋香分别购买了300万元保额，交20年并保20年，年交保费约4400元。之所以只保20年，而没有拉长到和房贷期间一致的30年，是因为保30年的保费要贵一倍，会增大交费压力，而随着时间的流逝，家庭收入和积蓄会不断增长，房贷余额却在不断下降，身故风险可能造成的潜在损失也不断减小，何况房贷已经还了3年，保20年差不多足够。

在"百万医疗"的选择上，他们希望享受更好的医疗条件，起码要能报销公立医院特需病房的医疗费用，就购买了中端产品，保费共2780元。

此外，为了预防意外残疾风险，两个人还各买了 300 万元保额的 1 年期意外险，保费共 1764 元。

以上全部保费加在一起，共 34914 元，大约占可支配收入的 12.4%，对于牛斯克和刘秋香来说，负担不算重，而且日子过得更踏实。

另外，他们的宝贝会在今年 9 月出生。牛斯克原打算以孩子为被保险人购买增额终身寿险，但由于整个保险行业的预定利率即将下调，现有收益较高的增额终身寿险很可能扛不到 9 月就要全面停售，就先以刘秋香为被保险人选择了一款来投保，年交 10 万元，交 5 年。这笔钱，他们计划放着不动，等孩子长大后再决定用途。

至于养老问题，他们觉得现在自己还年轻，对自己的投资能力也有信心，而且未来还可能推出有政策扶持的、更好的养老年金产品，所以打算以后再考虑。另外，孩子出生后，加保定期寿险可能也要提上日程了。

他们双方父母也投保了"百万医疗"，为了不给孩子增加负担，都是自己出钱。其实对于多数老年人来说，每年拿出几千元钱来买"百万医疗"并不是一个容易的决定，如果他们已经这样做了，做子女的真的应该感恩，而不是埋怨他们乱花钱。

案例四：三线城市的体制内家庭

42岁的冷庭筠和38岁的龙玄机夫妻俩生活在一个经济比较发达的沿海三线城市，都在体制内工作，收入稳定，每年到手25万元左右，在省会城市有一套投资性房产，贷款60万元，30年期，每月还款3600元左右，已经还了10年，除此之外没有其他显性负债，债务压力不是太大，还攒了60多万元。此外，冷庭筠的父母去世后给他留下了一处房产，以及当时价值18万元的股票账户，总体来看经济条件很不错。

家庭结构方面，大儿子13岁，小女儿3岁，双方老人仅有龙玄机的母亲还健在，身体也不是特别好，由龙玄机兄妹三人轮流照顾。一家四口算是一个很普通也很典型的小康之家。

夫妻俩的保险意识还不错，一家四口早早都购买了重疾险和百万医疗，但全是"捆绑终身寿险的假重疾险"，夫妻俩各自只有15万元保额，年交保费却高达11386元；大儿子和小女儿的保额分别为30万元，年交保费一共有9532元，都是20年交。虽然他们负担得起每年2万元出头的保费，但保额太低，只是万幸没人出险而已，这就是典型的"钱花了不少，保障却没买够"。

随着互联网保险平台的不断涌现，冷庭筠在网上看到很多科普文章，意识到了这个问题，打算优化一下全家人的保障方案。通过比较，冷庭筠和龙玄机看中了一款"不捆绑终身寿险的真重疾险"，除了基础的轻症、中症和重疾保障外，60 岁前患重疾还可以额外赔付 15%，即购买 30 万元保额，60 岁之前患重疾可以赔 45 万元，如果 20 年交费，夫妻两年交保费一共 13557 元，总保费 271440 元。

但这里有几个问题需要考虑：首先，之前购买的"捆绑终身寿险的假重疾险"已经交了 8 年保费，一共交了 91088 元，如果要退保，只能退回不到 28500 元，夫妻俩再怎么能理解"提前退保不是损失"这个概念，心理上也实在舍不得；其次，剩下 12 年的保费还需要再交 136632 元，几乎是新产品总保费的一半，全部退掉再换新产品的意义也不太大，况且他们的身体也略微出现了一点儿问题，投保新产品都会有一项责任被除外承保，不如保留老产品，再购买 15 万元保额的新产品，这样加在一起的总保额还是 30 万元，只不过 60 岁之前的重疾赔付低一点，可以赔 37.5 万元（老产品保额 15 万元 + 新产品保额 15 万元 × 150%）。而目前的年交保费就变成了 11386（老产品的保费，还要交 12 年）+6779（新产品的保费，要交 20 年）=18165 元。

不过，他们还觉得这个保额不太够，又各自补充了一年期重疾，保额

50万元，年交保费2725元，全部加在一起，夫妻双方60岁之前的重疾保额达到87.5万元，60岁之后的重疾保额至少也确保了30万元，目前的年交保费一共是20890元。

两个孩子的重疾险保费交的时间不长，损失感没那么强烈，夫妻俩果断退保，调整成了"不捆绑终身寿险的真重疾险"，交20年保30年，100万元保额，保费一共3462元，大幅增加了保障，降低了成本。

百万医疗险的问题不大，一家四口都在正常续保，目前年交保费一共2805元（含指定疾病特需医疗）。

对于身故保障，夫妻俩觉得不是特别迫切，因为他们的负债不多，手头的资产足以抵御风险，虽然定期寿险比较便宜，但在健康保障上的支出已经不少；而且，他们认为年轻时疾病身故的概率不大，不想再多花钱，于是就没有再买定期寿险，只是各自投保了一款一年期意外险，100万元保额，年交保费一共596元。

总体算下来，一家四口的保障基本充足，目前的年交保费一共27753元，每年的可支配收入按照约12万元计算，占比23.1%，看上去似乎有些高，但结合他们目前拥有的资产量来考虑，还在可接受的范围之内。所以，年交保费占可支配收入的10%—15%只是一个参考标准，并不是金科玉律，还是要具体情况具体分析。

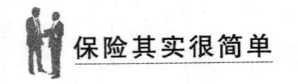

案例五：一线城市的单身贵族

上海土著居民赵香君 37 岁，独生女，海归硕士，是一家金融机构风控部门的中层管理，税后年薪 50 万元。她从小家境优渥，自己名下有一套房，父母名下两套，虽然房龄都已经超过 20 年，但没有贷款，也不打算置换，没有任何债务压力，生活过得很潇洒。

在上海，这样的精英女性一般不会为了结婚而结婚，赵香君也不打算将就，于是就拖到了现在。考虑到自己很可能干脆不婚，未来老年生活的看护照料是个问题，同时父母年龄也大了，一旦卧病就需要专人照顾，自己也分身乏术，她决定购买一款可以对接养老社区的保险产品。

经过了解，她选择了目前市场上养老社区运营比较成功的一家公司，投保了一款分红年金，保终身，10 年交费，每年 30 万元，预约了一个未来入住养老社区的名额，而且父母有需要的话，现在就可以入住。

另外，她还担心如果自己真的不婚不育，即使入住养老社区，也不一定能得到细致周到的照料，毕竟护工不是亲生子女。所以，她又投保了一款终身寿险，300 万元保额，30 年交费，年交保费 38100 元，对接保险金信托，计划未来通过信托把保险金分配给全心照料自己老年生活的人，如果能找到合适的对象，有了孩子，这笔钱以后就留给孩子。总之，无论未来情况如何变化，都能把主动权掌握在自己手上。

赵香君对生活品质的要求很高，普通的医疗险满足不了她的需求，所以她选择了一款高端医疗险，国内私立医院高级病房的住院医疗费用都可以报销，首年保费 8548 元。

对她来说，重疾险其实已经不是必选项，因为高端医疗险已经基本可以覆盖全部的大病医疗费用，现有的财产也完全足以支撑她放弃工作，安心休养。但由于还比较年轻，用重疾险来把这个风险转移掉是更划算的选择，所以她还是决定投保案例三中提到的，60 岁之前可以额外赔 80% 的重疾险，50 万元保额，20 年交费，年交保费 9925 元。至于定期寿险和意外险，虽然保费便宜，但完全没必要在这两类产品上面花钱了。不过，她还购买了一款 100 万元保额的意外险，理由很任性——反正已经买了这么多，不差这一点儿小钱，就随手买一个。

这个案例相对比较特殊，但也充分说明了风险管理的个性化。这让我忍不住想吐槽一个行业现状：各家公司在培训业务员的时候，以客户需求为导向的口号喊得震天响，实际提供的却只有一两款主打产品，这怎么可能涵盖所有客户的需求呢？

保险其实很简单

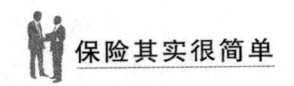

案例六：省会城市的单身白领

29岁的刘婕好在杭州工作，税后年薪12万元左右，其中大约一半用于日常生活消费，另外一半用于其他开销，还会做点小投资，算上存款、基金等，手头有大约8万元积蓄，正在考虑找个男朋友，一切看上去都很顺利。

但突如其来的变故，打破了她按部就班的生活——她的父亲得了癌症。不幸中的万幸是，发现得比较早，还有希望治愈。尽管刘婕好家境尚可，但高昂的治疗费用，还是让一家人倍感压力。

这引发了刘婕好对重疾风险的重视，在照顾父亲的同时，她希望为自己和母亲做好重疾保障规划。

她的基本诉求是保额要高，同时保障终身，但是经过沟通，她理解了目前的经济情况很难两者兼顾，于是决定保额优先，兼顾保险期间，最终选择了以下组合：

1. 案例三中60岁之前轻症可以额外赔80%的"不捆绑终身寿险的真重疾险"（当时的网红重疾险，受到了很多消费者的喜爱），包含癌症和心脑血管重疾二次赔付，保终身，20万元保额，30年交费，年交保费2744元。

2. 案例一中交20年保20年的，只保重疾的"不捆绑终身寿险的真重疾险"，50万元保额，年交保费1285元。

3. 一年期重疾险，50万元保额，首年保费425元。

综上，刘婕妤20年之内的重疾保额可达136万元，足以抵御眼下的重疾风险，之后可以根据情况再做调整。

此外，刘婕妤还购买了100万元保额的意外伤害保险（含50万元猝死保障），年交保费298元，以及一款普通版的百万医疗（包含癌症院外购药、指定疾病特需病房医疗费用报销责任），首年保费359元。

由于她的母亲已经50多岁，购买重疾险性价比较低，所以也只投保了同款百万医疗，首年保费1155元。

总体计算，刘婕妤和母亲的首年保费共6266元，虽然百万医疗和一年期重疾险的保费会随着年龄增长，但"惠民保"推出以后，他们一家的压力也有所减轻，这个保费还是可以承担的。

案例七：四线城市的夫妻店

45岁的戚游和42岁的严婉生活在西南地区的一个四线城市，夫妻俩开了一家小饭店，已经经营了15年，日子安稳平淡，也攒下了一些钱，但由于日夜操劳，两人身体都有点透支，让他们开始对健康问题产生了担忧——儿子19岁，在省会读大二，毕业后很可能会留在那里成家立业，买房的事情要准备起来；女儿才刚刚7岁，还有十几年才能独立，万一他们夫妻俩有一个倒下，麻烦就大了。

很显然，这个家庭潜在的最大风险就是重疾风险，其次是戚游和严婉夫妻俩的身故风险。

比较麻烦的是，从买重疾险的角度来看，夫妻俩年龄有些偏大，而且健康状况也有些问题：戚游患有高血压，平时需要服药才能把高压控制在150—155之间，严婉患有慢性支气管炎和甲亢，虽然都不算特别严重，但多少在产品的选择上会有一些影响。

另外，他们希望选择经营风格比较稳健，并且在当地有分支机构的公司，经过比较，最终选择了一款"不捆绑终身寿险的真重疾险"，保终身，

20年交费，戚游保费8954元，严婉保费7744元（均因健康问题加费10%承保），保额20万元，60岁之前患重疾可赔付36万元（额外赔付80%），60—64岁之间患重疾可赔付26万元（额外赔付30%）。

他们还选择了一款核保相对宽松的一年期重疾险作为补充，保额50万元，戚游首年保费1650元，严婉首年保费1625元。这样一来，在女儿成年之前，夫妻俩的重疾保额能够达到86万元，目前保费19973元。

给孩子的重疾险，他们同样选择了"不捆绑终身寿险的真重疾险"，给儿子选择了一款保至70周岁的产品，20年交费，保额40万元，年交保费3120元，给女儿选择了一款保险期间30年的产品，10年交费，保额80万元，年交保费2880元，同时也给两个孩子各自补充了100万元保额的一年期重疾险，儿子和女儿的保费都是380元。这样一来，两个孩子的重疾保额都能达到百万以上，目前保费仅6760元，可以减轻当下的交费压力，孩子未来走上社会之后，根据届时的情况再自己买重疾险也不晚。

和重疾险相比，百万医疗险的核保更严格一些，经过比较，戚游选择了一款不保证续保的产品，首年保费1125元（加费30%），严婉和两个孩子选择了一款保证续保20年的产品，严婉首年保费918元（因慢性支气管炎引发的疾病不在保障范围内，即除外承保），儿子首年保费271元，女儿首年保费264元，全家保费合计2578元。

在定期寿险的选择上，他们对比了几款产品以后，认为身故赔付的流程相对简单，在当地暂时没有分支机构的问题不大，更倾向于价格便宜，于是选择了一款低价产品，夫妻俩各自投保 150 万元保额，保 20 年，20 年交费，年交保费一共 5430 元。

综上计算，全家的首年保费共 34741 元，夫妻俩盘算了一下，店里一年的利润也就 20 万元左右，疫情这几年还亏了很多，一年保费 3 万多元实在有点儿贵，最终决定放弃投保终身重疾险，只买一年期重疾险，把首年保费降为 18043 元。

省下的这将近 17000 元，夫妻俩也没打算花掉，而是又添了 3 万多元，凑够 5 万元，以女儿为被保险人，投保了一款增额终身寿险，10 年交费，总保费 50 万元，等女儿长大成人之后，交给她自己支配。至于儿子，夫妻俩打算以后帮他出个买房的首付，剩下的靠他自己，也算是对两个孩子一碗水端平，两个人就安心了。

以上案例供参考，最后还想提醒的是，虽然预算有限，但一定要买"捆绑终身寿险的假重疾险"的消费者也非常多，如果你也抱有这种心态，建议用一年期重疾险来做补充。

后记

2023年4月，保险行业又发生了一个大的变化，即监管要求在设计人身保险产品的时候，预定利率由不能超过3.5%下降到3%；万能保险的最低保证利率由不能超过3%下降到2%。在铺天盖地"抓住最后上车机会"的宣传中，你可能也听说了这件事，而当你看到这本书的时候，这个政策应该已经落地了，整个保险行业的产品也将全部改头换面。

这个政策确实会使"理财型保险"的固定收益下降，也可能会使部分"保障型保险"的价格上涨，但其目的是降低整个保险行业的负债成本，预防利差损风险，在当前的经济环境下，有利于保险行业长期稳健发展，消费者利益也更有保障，希望大家不要因噎废食，该买的保险还是要买，毕竟风险对任何人都是无差别对待的。另外，这不会是市场变化的终点，本书中关于产品形态等内容的表述，未来也可能"过时"，但无论市场、政策如何变化，都不会改变风险管理和保险产品的底层逻辑，书中所有的知识依然足以帮助你保护好自己，避免被销售误导伤害。如果你还有问题，或者对本书有其他建议，欢迎到我在喜马拉雅开设的《保险公司不会教你的保险课》专辑下留言与我交流。（专辑链接：https://www.ximalaya.com/album/35202053）

风险管理是一件理性的事情，但购买决策很多时候是靠感性驱动的，所以15天的犹豫期很重要，建议你利用好这个时间，仔细检视一下选择的保障方案能否真正匹配自己的需求，至少要保证自己买得明明白白。假设一个爱好烘焙的业务员经常给你家孩子烤饼干，我建议你额外付费，而不是被道德绑架，稀里糊涂去买一份保险。但是，如果一个业务员自身的资源能带来你所需要的，而且是在别处很难获得的附加价值，我也建议你在做购买决策时重点考虑。

近些年保险行业流行一个金句："来干保险，要么走投无路，要么身怀绝技。"这句话不无道理，因为保险销售确实给了很多"走投无路"的人改变命运的机会；而很多在保险行业获得成功的业务员，也确实各有所长，即便不干保险，在其他行业的成就也一定不会差，甚至也有很多在其他行业已经很成功的人转行来做保险业务，说他们"身怀绝技"毫不为过。不过，窃以为对于保险这样一个以"最大诚信"为首要原则的行业来说，身怀绝技固然好，但更应胸怀坦荡——绝技可以后天练就，但缺了人品，也许就是岳不群和令狐冲的区别。

在这个短视频当道的时代，如果你还能耐心地、认真地读完这本书，请允许我向你致敬，也请你尽可能把这些保险知识传播给身边的人，让更多的消费者不再被轻易误导甚至欺骗，只有这样，保险才能更好地发挥它原本的作用，体现它真正的价值，这个行业才会越来越好，也希望大家在这个过程中，对保险行业多一些包容。

在这里，要感谢上海立信会计金融学院保险学院的各位老师，他们的悉心教导，为我打下了扎实的理论基础，否则我大概率一样会被洗脑，也就不可能写出这本书；感谢我家人的支持，尤其是我太太，为了让我在业余时间能专心写作，她承担了大部分琐碎的家务事；感谢我的领导霍康先生、我的恩师徐爱荣教授、我的良师益友柳昊老师为我作序，得到他们的认可和推荐，是我的荣幸，感谢我的朋友胡啸、秦珞涵、朱卫战、赵雨阳、史宇欣、黄创雄、张鹏、李婷，他们在本书的写作过程中，反馈了宝贵的意见和建议；还要感谢华夏智库的倪耀春、张杰两位编辑老师，本书能够顺利出版，有赖于他们的倾情付出和专业工作。

最后，祝每一位读者朋友一生顺遂，平安喜乐。